CW00973001

LAO TZU

TAO TE CHING

LA REGOLA CELESTE
O DAODEJING

Introduzione, traduzione e note
di Alberto Castellani

IBEX
EDIZIONI

Tao Te Ching, la regola celeste, o Daodejing
di **Lao Tzu, Alberto Castellani**

Titolo originale dell'opera:
Daodejing,

Edizione italiana:
© 2022 by The Strategic Club

Autore originale: Lao Tzu
Traduzione, Introduzioni, Annotazioni: Alberto Castellani
Blue mountain vector created by freepik
Progetto grafico: The Strategic Club

A

PAOLO EMILIO PAVOLINI

ORIENTALISTA E GLOTTOLOGO

IN SEGNO DI PROFONDA AMMIRAZIONE

E DI RICONOSCENTE AFFETTO

I.
LAO TSŬ[1]

L'ETÀ CHE FU SUA

Quel che ci è noto nella vita materiale di Lao Tsŭ si riduce a ben poco: Ssŭ Ma Ch'ien, nella prosa lapidaria dei suoi ricordi storici, ne fissa le linee essenziali come segue: «Lao Tsŭ era del villaggio di Ch'ü Jên; del distretto di Li; della provincia di K'u; del reame di Ch'u: il (suo) casato era Li; il nome Erl; il titolo Po Yang; il nome postumo Tan; fu istoriografo negli archivi degli Chou… Lao Tsŭ coltivava la virtù del Tao; il suo studio fu di aspirare a nascondere se stesso e a rimanere senza nome: visse in Chou lungo tempo: vedendo la decadenza di Chou se ne andò: arrivato al confine, il custode Yin Hsi[2] disse: "Sei in

---

[1]   L'Edit. ha creduto opportuno di adoprare sulla copertina la lettura Lao Tse, perchè più comunemente nota in vece di Lao Tsŭ (metodo di trascrizione Wade) come io ho usato per tutto il volume. Cfr. le Note pag. 143, n.1. «*Lao Tsŭ*» significa il «*Vecchio Maestro*»: «*tsŭ*» vuol dire anche «*ragazzo*» e ciò darebbe «*il vecchio ragazzo*»; allusione alla leggenda della sua nascita. La madre si sentì incinta di lui nel momento in cui osservava nel cielo una stella cadente: alcuni scrittori asseriscono che sua madre lo portò in seno molti anni e lo partorì dal fianco sinistro (in cinese «*Hsieh Shêng*» = «*partorito attraverso le costole*»). Nacque con la testa canuta come colui che forse aveva già meditato a lungo fin nell'alvo materno. (*Yüan Chien Lei Han*, cap. 315. 5. Enciclopedia della Din. Ch'ing 1710).

[2]   Il Guardiano del Passo, detto comunemente Yin Hsi non è altri che Kuan Yin Tsŭ, rimasto famoso negli annali del Taoismo, perchè supposto l'istigatore all'opera del Maestro: però il tutto sa di leggenda. Il metodo di fare un cappello artificiale, cioè ricercare una causa esterna ad un libro famoso, è taoista. (Cfr. per es. Lieh Tsŭ, Cap. 1). Sotto il nome di Kuan Yin Tsŭ «*Il Maestro guardiano della barriera*» va oggi un trattato taoista che molti vogliono attribuire a Yin Hsi ma che è forse opera di T'ien T'ung Hsü della Din. T'ang (620-906).

procinto di partire, ti costringo a scrivere un libro per me". Dopo di ciò Lao Tsŭ compose un libro in due parti dove si parla del significato del Tao e della (sua) virtù con 5000 e più parole e partì: nessuno sa dove sia andato a finire»[3].

In questa concisa biografia che l'Erodoto della Cina fa di Lao Tsŭ[4], tre cose come tre punti culminanti e decisivi per la storia del suo pensiero ci importano prima di tutto: 1° la sua permanenza in Chou con l'ufficio d'istoriografo nel terzo ministero, istituito con gli altri cinque dai primi fondatori della 3ª Dinastia; 2° il suo incontro con Yin Hsi al Han Ku Kuan, una barriera ad ovest del reame di Chou, nell'odierno Ho Nan; 3° la sua partenza senza ritorno dal paese dove visse e pensò. La parte essenziale della vita di Lao Tsŭ s'impernia su questi tre punti che sono come le tre tappe principali nell'evoluzione della sua sagoma d'uomo e di pensatore.

Essere a quei tempi istoriografo nell'archivio del terzo ministero in Chou, voleva dire avere a portata di mano non solo tutti i più preziosi documenti che riguardavano molto da vicino l'intimo organamento della gloriosa dinastia, più volte secolare, ma significava anche subire incitamenti a studi sempre più profondi per indagare, oltre quella storia dinastica, le più remote età della civiltà cinese.

L'annalista di questo ministero alla cui presidenza gli Chou avevano designato un Tai Tsung Po o «*Gran Cerimoniere*», oltre al suo lavoro strettamente professionale, aveva anche l'incombenza di raccogliere e registrare tutto quello che di novità veniva portato in Cina dal difuori. Lao Tsŭ deve quindi aver sentito più volte, come un abbraccio fecondo, la stretta che dà luce tra il passato e l'avvenire, e dal suo tranquillo posto di scriba deve avere avuto, davanti alla ressa dei secoli e al tumulto delle genti, quello slancio d'intuizione che fa risalire dal particolare al generale e dal tempo all'eterno.

In Chou dove veniva, per un saggio incanalamento amministrativo, a confluire tutta la linfa della vasta confederazione feudale e di dove per raggiungere l'ardua periferia di questa dovevano partirsi in ogni istante, come scintille animatrici, i più vigorosi e vigili impulsi del governo, Lao Tsŭ era nell'anima dell'Impero, ospite e testimone della più intensa

---

[3]   Cfr. Ssŭ Ma Ch'ien, Shih Chi, Lib. LXIII.

[4]   Il fatto che oltre che di Budda (622 a. C.) in India, di Zoroastro (650 a. C.) in Persia, Lao Tsŭ è contemporaneo di Confucio si rileva da più punti del Li Chi [I, 24; II, 22, 24, 28] e del Chia Yü [11, 24] oltre che da Lieh Tsŭ e da Chuang Tsŭ.

concentrazione spirituale di tutto il Paese. Il pensiero era un capitale prezioso: in questo focolaio d'immenso ardore, ma anche d'incalcolabile dispendio, ogni energia umana veniva violentemente tesaurizzata; e in questo crogiolo di energie umane in continuo sobbalzo e scatenamento, in questa fornace di vigilia, di ansia e di fatalità, Lao Tsŭ, profondo osservatore del mondo e mistico e insonne organatore di se stesso, ha compiuto i suoi «*Lehrjahre*». Qui dalla somma della sua esperienza, nel predominio del male e del peggio incalzante, Lao Tsŭ deve aver maturato in silenzio la sua concezione. In mezzo al tumulto degli avvenimenti imprevisti e contrastanti, dietro la delusione e il dolore che, attento, vedeva sbocciare a sommo di quasi tutte le azioni umane, egli sentiva che necessario era trovare all'uomo un fulcro al difuori di se stesso a cui riallacciare, coordinandone le fila, tutta la gran matassa delle contraddizioni umane e naturali. L'Imperatore, quale Figlio del Cielo, non gli bastava più: come uomo, era esso pure impigliato nel visco delle passioni e quindi fallibilissimo: il vecchio Shang Ti, «*Il sovrano dell'alto*» della tradizione ufficiale aveva carattere troppo indeterminato e peccava, se non di antropomorfismo, certo di antropocentrismo; gli ci voleva l'eterno, l'assoluto. Per questo a un certo punto egli lascia la corte; sente il bisogno di allontanarsi dal mondo per meglio comprendere il mondo ed incontra sulle vie dell'esilio la ragione dell'opera che lo rende immortale: in questa sua fuga Lao Tsŭ ha i suoi brevi ed ignoti «*Wanderjahre*».

Lo stesso Ssŭ Ma Ch'ien non è riuscito, dopo lunghe ricerche, basate sopra un ricco materiale di fonti e di informazioni attendibilissime e abilmente utilizzate, a stabilire con certezza l'epoca in cui nacque il nostro filosofo: oggi si accetta come data approssimativa l'anno 604 a. C.: cioè il terzo anno del Regno di Ting Wang (606-586 a. C.). Lao Tsŭ è dunque, per quanto qualche diecina d'anni più vecchio, contemporaneo di Confucio (551-479 a. C.) e deve esser vissuto con maggior probabilità tra il 570 e il 490 a. C. durante un periodo decisivo per la 3ª Dinastia.

Questa era sorta già nel 1050 a. C. sulle rovine delle prime due Dinastie storiche Hsia (1989-1559) e Shang [Yin] (1558-1050 a. C.). Si chiamava degli Chou perchè nel 1275 a. C. Tan Fu, bisavolo di Fa – il quale, dopo avere abbattuto nel 1050 a. C. Chou Hsin, ultimo imperatore della 2ª Din. Shang [Yin] diverrà poi capo della 3ª Din. col nome di Wu Wang – era disceso nella vallata di Chou, alle falde del

7

monte Ch'i, e vi si era stabilito fondandovi il Ducato di Chou[5], con il mandato imperiale di custodire la vallata della Wei, baluardo contro le sempre ripullulanti incursioni dei barbari occidentali.

Questa gente che, discendendo dagli Hsia, portava in sè, per aver servito a lungo di barriera alle minacciose scorrerie barbariche, qualche stilla di sangue turco, aveva con Fa, dopo ch'egli ebbe, a capo di una vasta coalizione feudataria, debellata nell'ultimo imperatore la Din. precedente, rivendicato a sè il potere imperiale su tutto il territorio cinese. I capostipiti di questo novo governo oltre che Fa, come abbiamo visto, primo imperatore col nome di Wu Wang (imp. nel 1150, m. nel 1045 a. C.) erano il suo minor fratello Tan, gran fautore del regime antico, tipo Yao, Shun e Yü, col titolo di Chou Kung, «*Duca di Chou*», nome rimasto venerato da tutti nella storia cinese, specie dalla casta dei letterati, dietro l'entusiasmo di Confucio; e Ch'ang, padre di Fa, col titolo di Wên Wang, «*Imperatore Wên*» conferitogli dal figlio regnante, per debito di pietà filiale. L'influenza maggiore sulla famiglia e sul governo l'ebbe sempre Chou Kung ed al suo genio ed alla sua saggezza si deve se questa 3ª Din. gittò fin da prima robuste radici da durare ininterrotta 794 anni con 34 Imperatori.

Scomparsi i primi iniziatori e fondatori, la lunga successione degli eredi al trono cui incombeva il còmpito di tenere insieme nel tempo questa specie di federazione di stati sopra un territorio immenso, il male comincia, presto a insinuarsi attraverso l'ambizione e la cupidigia dei diversi Principi, capi delle diverse regioni feudatarie legate d'obbedienza e di tributo al formidabile accentramento amministrativo degli Chou. La concorrenza dei Principi dipendenti al predominio, la speranza ben radicata in ognuno di essi di arrivare, quando che fosse, a prevalere su gli altri sottomettendoseli tutti, alla guisa degli Chou, e quindi di portare il vanto di una nuova fondazione dinastica, faranno sì che la guerra civile, cominciata qua e là a intermittenze, finirà poi col serpeggiare costante per tutto il paese, sbocciando poi in una perfetta anarchia universale impossibile più ad arginarsi. È il tempo in cui il gran vaso della Cina, agitato dal profondo, manda a galla la sua feccia; è l'epoca disperata in cui Confucio predica «*usque ad ravim*» ai Principi sviati la necessità di ristabilire nella sua interezza il buon governo antico e in cui Lao Tsŭ comincia a intravedere nella lunga bufera, di tra la nuvolaglia rotta, il tenero profilo di novi orizzonti.

---

[5]   Nel Ho Nan attuale.

Secondo Ssŭ Ma Ch'ien l'impulso di abbandonare il territorio imperiale sarebbe venuto a Lao Tsŭ soprattutto dal contemplare la decadenza in cui stava sempre più affondando questa casa di regnanti.

Sotto Ting Wang parve ad un certo momento che i subdoli attacchi dei Principi feudatari si allentassero alquanto; una certa calma pareva che cominciasse a rifiorire. Ting Wang morendo lascia il trono al figlio Yi che col nome Chien Wang (585-572) riuscì un monarca clemente, studioso di ricondurre ad onore la dignità dell'Impero: fu anzi tanto giusto che ribelli dello stato vicino Chin, dopo avere ucciso il lor sovrano, marchese Li, maculato di vizi osceni, mandarono nel 573 certi Hsün Yin e Shih Fang ad offrire il principato vacante ad uno della sua famiglia, a Tao Kung (572-557) chiedendo così addirittura l'annessione del loro territorio agli Chou. Nel 571, morto Chien Wang, sale al trono Hsieh Hsin, suo figlio, col nome di Ling Wang (571-545).

Poco prima dell'avvento di Ling Wang, il nostro filosofo era arrivato a Chou, attiratovi forse dalla pace che allora vi pareva ristabilita e vi aveva ottenuto il suo posto di archivista. Ebbe la sua presenza in Chou influenza sul novo Imperatore Ling? Quel che è certo è che i conflitti della Lega del Nord con quella del Sud parevano esser giunti ad una tal quale composizione e che la pace vi si sarebbe detta ormai sicura; ma dopo la morte di Ling Wang viene il rovescio della medaglia, chè suo figlio Kuei, salito al trono col nome di Ching Wang (544-520) si aliena il popolo con la sua cupidigia altera e la sua pazzesca fastomania, ritrascinando con sè nel fango il nome della gloriosa 3ª Din. I testi riferiscono di questo malcapitato rampollo regio che quando i ministri lo ammonivano sulla inopportunità di certi suoi decreti emanati allo scopo di spremere sempre più il popolo brontolante, che Egli non li ascoltava nemmeno[6].

L'indegno comportarsi del novo imperatore, la corruttela dei tempi han trovata la loro eco eterna in più punti del Tao Tê Ching di Lao Tsŭ. Il grande pensatore si sente disgustato per tanta dissolutezza di costumi, per l'invadenza della vita dei sensi, per la corsa al piacere, per lo sperpero di tempo in passatempi volgari di Ching Wang[7]. Ora sospira per il malinteso fasto di corte, per il danaro sacrificato in bagatelle costose e in scenate conviviali che han per conseguenza l'abbandono dei campi da parte dei lavoratori indignati[8]: ora è una profezia di

---

[6]   I testi dicono «*Wang pu t'ing*».

[7]   Cfr. Tao Tê Ching, Cap. 12.

[8]   Cfr. Lao Tsŭ, Cap. 53.

definitiva catastrofe per l'Impero il cui avvenire gli si proietta peggiore del presente[9]; ora ha una «*boutade*» per i conflitti fraterni e la guerra in genere[10]; ora gli pare un'enormità la mania dell'acquisto[11]; non solo risospira, come Confucio, verso i primi secoli della grande Dinastia ma va più indietro ancora e quindi, in senso suo, più oltre, verso la prima alba della Civiltà cinese quando non esisteva ancora scrittura[12]; ridescrivendo a se stesso la perfezione dei regnanti antichi[13]; riandando il tempo in cui i sudditi, da tanto che eran governati bene, non s'accorgevano nemmeno del governo; quando si combatteva senza sangue e si vinceva senza combattere[14]; e sospira la santa ignoranza del popolo il quale più era mantenuto in rozzezza e più era felice[15].

Il popolo stesso tenuto in freno con la reverenza al Sovrano, come al «*Figlio del Cielo*», dall'inflessibile organizzazione di uno Stato monarchico-teocratico come quello degli Chou, con lo spauracchio di un codice penale che applicava senza pietà supplizi atroci, ridotto quasi al livello di stromento manevole, ritrovava ad un tratto, nel bailamme circostante, i suoi istinti di ferinità originaria; la bestia riemergeva in lui nel vedere le autorità costituite sempre più afflosciarsi nel tragico parapiglia, sfrondarsi, nella malfrenata gazzarra, dei loro aloni ideali, perdendo, nel sobbalzo della paura e nell'urgenza dello scampo, ogni pudore e quindi ogni efficacia di rispetto: così, egli stesso, il popolo si dava a vita dissoluta e concepiva per i suoi simili chimere di baldorie regali da imbandirsi sullo sgretolio della potenza imperiale, infrenatrice di liberi istinti.

L'UOMO E L'OPERA

Lao Tsŭ, Confucio e Mê Ti sentivano profondamente il male dei tempi e ognuno cercava per conto suo e per quanto gli fosse dato, se non con gli atti, per lo meno con le parole di porvi un rimedio: ma mentre il precristiano ingegnere bellico Mê Ti parlava di un vago amore universale che dovesse stringere come in un sol uomo tutta l'Umanità, e

---

9   Cfr. ibid.., Cap. 20.
10   Cfr. ibid., Cap. 30, 31.
11   Cfr. ibid., Cap. 46.
12   Cfr. ibid., Cap. 80.
13   Cfr. ibid., Cap. 75.
14   Cfr. ibid., Cap. 68.
15   Cfr. ibid., Cap. 65.

Confucio, invescato nelle speciosità rituali di un passato ormai seppellito per sempre, ne tentava con sue scede e giuochetti, il ripristinamento con i Regnanti barcollanti in soglio e tuttavia insatiriti di dominio, Lao Tsŭ soltanto, vedeva nella solitudine dell'alto pensiero, la vera radice del male.

Lao Tsŭ e Confucio prendevano entrambi, è vero, le mosse dall'antichità cinese, ma Confucio, convinto, ragunandone le bucce, di poter riprodurne la polpa, rimaneva abbicato alla superficie, Lao Tsŭ, invece, vi rinveniva l'impulso per risalire ad una concezione più vasta, più intellettualistica, più degna dell'uomo che non fosse lo Shang Ti e l'Imperatore ed atta a rivoluzionare dai suoi fondigli la vecchia società limacciosa.

Confucio vuol parlare solo ai cinesi, Lao Tsŭ a tutta l'umanità; Confucio, buon conoscitore delle qualità della sua razza, voleva essere il «*solator*» dei vecchi principî scaduti, i quali erano pur valsi un tempo a tenere in equilibrio l'Impero; Lao Tsŭ sentiva invece *l'uomo* nel cinese e, attraverso il meccanismo di una costituzione come quella degli Chou, intuiva l'equilibrio di una legge più alta che aveva le sue radici fuori del mondo reale che potevano tuttavia essere rintracciabili per forza di ragione. Confucio vuol rifare l'uomo cominciando dal difuori e Lao Tsŭ cominciando dal didentro.

Gli elementi che concorrono a ridestarlo al suo pensiero sono dunque: una grande miseria politica presente ed una intensa valutazione della civiltà passata. Egli pone nell'uomo in luogo della educazione ufficiale, la necessità di una coscienza universale; il pensiero di Lao Tsŭ rivolto tutto alla rigenerazione interiore mediante il riconoscimento di una legge sovrana, doveva sempre più esaltarsi in turbinosi mulinelli di astrazione verso il concetto dell'Umanità assoluta, fare degli sparsi monili confuciani un solo diamante per sè e della sua parola, rattrappita d'intensità, come un simbolo muto[16]. L'attività di Confucio, rivolta tutta all'esterno, prende forme tangibili; quella di Lao Tsŭ, tutta sprofondata in se stessa, manda solo ad ora ad ora qualche scintilla testimoniante d'immensi attriti non visti: Confucio è l'uomo dell'agora e della corte, Lao Tsŭ l'uomo dell'eremo sdegnoso e del pensiero inaccessibile; Confucio è il predicatore dello Stato nazionale, Lao Tsŭ l'ispiratore della Repubblica universale. Lao Tsŭ vedeva con nettezza cruciante che tutte queste istituzioni lardellate di scopi virtuosi, credute il Palladio

---

[16]   «*pu yên chih chiao*» «*ammaestramento senza parole*». Cfr. il Tao Tê Ching, Cap. 2.

della nazione, cioè i cinque capisaldi del vivere civile confuciano, le cinque virtù cardinali, non erano in pratica che miseri paraventi tarlati i quali non bastavano più, che si trattava di artificiosità vane, incapaci di sconvolgere e di rifare l'uomo dal profondo. Lao Tsŭ è dunque radicale e negativo; sa quel che dice: i doveri sono per lui il surrogato delle libere virtù evase; le istituzioni un riparo bolso al senso civile che manca; lo Stato un rimedio inefficace all'armonia naturale che c'era una volta fra le genti: solo perchè non ci son più gli spontanei moti del cuore, si è inventato i doveri sociali; solo perchè non ci son più i sani impulsi al vivere civile, si è inventato le istituzioni; solo perchè non c'è più armonia tra gli uomini, s'è inventato lo Stato. Lao Tsŭ era già vecchio quando si decise ad abbandonare Chou per recarsi, come afferma la leggenda, verso l'Occidente[17]. Si narra che prima di partire avesse avuto un colloquio con Confucio stesso il quale si era appunto recato in Chou per interrogare il vecchio Maestro intorno ai Riti. Peggio ei non poteva capitare! Non si sa se questa scenetta riportata da Ssŭ Ma Ch'ien abbia fondamento di realtà oppure sia un parto di fantasia popolare curiosa di raffronti, che il grande storico abbia senz'altro riportato a titolo di cronaca. Confucio ritorna accincignato dall'intervista e, riferendola ai discepoli, paragona Lao Tsŭ a un drago che col suo volo strappa le nuvole più alte. C'è chi pretende scorgere dell'ironia nell'affermazione confuciana, anche per la ragione che mentalità differenti sono più pronte a mettersi in burla che a comprendersi a vicenda; pure non va trascurato il fatto che il più giovine Confucio, il quale già metteva in pratica il suo diverso indirizzo politico ed aveva già molti seguaci, deve esser rimasto costernato se non del volo del *drago* per lo meno della discrepanza delle loro idee che li rendeva per sempre inconciliabili[18].

Vanno relegate nel regno delle favole le fantasie di certi sinologi e critici che mettono sulle spalle di Lao Tsŭ, già vecchio quando si diparte da Chou, un viaggio tanto lungo da fargli raggiungere quella parte dell'Asia che molto più tardi doveva capitare sotto la giurisdizione romana e l'idea che egli abbia perfino studiato la dottrina di Pitagora, se non proprio nel dominio greco, certamente in Palestina

---

[17] «*Lao Tan tsu hsi*» Lieh Tsŭ, Lib. 3: Chuang Tsŭ lo fa morire in Cina. Cfr. Chuang Tsŭ, lib. 3.

[18] Cfr. Ssŭ Ma Ch'ien, *Shih Chi*, Lib. LXIII. Il Legge dà del colloquio la data 517 a. C., quando Lao Tsŭ aveva già 88 anni e Confucio 35 (cfr. *The British Quarterly Review*, 1883).

sotto la guida di maestri ebrei o di altra setta fenicia (Rémusat): più possibili sembrerebbero, se non l'influsso indobactriano (Pauthier), quello bracmano (Douglas e De Harlez), o indiano in genere secondo il Wutke[19] e l'influsso babilonese sostenuto da de Lacouperie. Nel 30° cap. della Ch'ien Han Chou o Storia della prima Din. Han (202 a. C. - 2 d. C.) composta da Pan Ku e completata dalla sua sorella Pan Chao è stato inserito un catalogo di circa 500 opere letterarie composto da Liu Hsiang e suo figlio Liu Hsin tra cui appaiono molte opere taoiste. Questo famoso catalogo fu ripubblicato durante la Din. Sung (960-1279) col titolo di Han Yi Wên Chih: quivi è detto che il Taoismo uscì completo dagli archivi del 3° Ministero degli Chou dove, d'ufficio, si registrava ogni novità venuta in Cina dal difuori.

Secondo il Wieger il Tao Tê Ching sarebbe addirittura un adattamento cinese di dottrina indiana del tempo delle Upānishādi. Se ciò fosse vero, a Lao Tsŭ non rimarrebbe che il merito di essere stato il primo redattore ufficiale di un materiale filosofico già raccolto da altri nell'archivio dove dipoi venne impiegato. Il Wieger dice che tutto ciò è: «moralment (?) certain»[20] e che se gli indianologi se ne dessero pena, dovrebbero ritrovare nei testi sanscriti l'origine del dualismo taoistico di Yin-Yang che avrebbe sostituito in Cina l'influsso dei cinque agenti naturali e che, nel concetto taoista stesso, è con la sua azione alterna ed eterna, tanta parte della evoluzione elementare del Cosmo.

Oggi Lao Tsŭ, abbia o non abbia attinto ai fondi dell'archivio imperiale, è considerato da tutti come il creatore del Tao Tê Ching «Il libro del Principio e della sua virtù». La sua elevatezza spirituale e la sua peregrinità concettuale in contrasto al temperamento positivista cinese sono state, a mio parere, le ragioni che han fatto dubitare molti dotti che il Taoismo non sia propriamente un prodotto genuino ma una traspiantazione straniera. Ma è fenomeno costante nella storia del pensiero dei popoli che quanto più si pretende di ravvisare nelle creazioni di un uomo di genio l'impronta stessa del genio della nazione, più si debba nostro malgrado riconoscere che quelle opere così ammirate non solo travarcano, nel loro significato essenziale, i limiti di una nazione ma stanno a volte in perfetta antitesi con la cultura, col temperamento della gente in mezzo alla quale ebber vita. Lao Tsŭ appartiene alla schiera di questi spiriti universali. Il Tao Tê Ching ci si

---

[19]   Cfr. Wutke, *Geschichte des Heidenthums*, pag. 76, che chiama il Taoismo «*einen Ausläufer des indischen Bewusstseins*».
[20]   Cfr. L. Wieger, *Textes Philosophiques*, pag. 117.

presenta davanti come uno dei più importanti testi di tutta l'antichità. Per quanto non sia mancato anche, ai giorni nostri, chi abbia tentato d'impugnarne l'autenticità, pure ormai si crede comunemente che sia opera originale per gli spiccati caratteri che la distinguono: è un libro troppo spoglio di amenità frondose e di luoghi comuni; nonchè sapere di attaccaticcio, si impone a noi col suo slancio compatto; non che sentirci accozzaglia, ci si sente fusione: è un materiale di esigua mole esterna e di spessa semenza eterna, intensamente vissuto, solcato appena qua e là di lontani accenni biografici ma strapotente d'espressione e di suggestione; è un blocco maturato al fuoco di una grande anima ermetica in travaglio.

LAO TSŬ E CONFUCIO[21]

La dissimiglianza della dottrina confuciana e di quella laotsŭiana ha una base comune nell'antica civiltà cinese. Ma questa lontana sorgente da cui i due filosofi si dipartivano doveva trovare attraverso alle loro particolarità personali diverse diramazioni, incanalarsi come in due alvei diversi. Confucio è dei due la natura più conciliante: è un razionalista; il suo pensiero non va oltre lo Stato; Lao Tsŭ mostra, invece, maggiore interesse per i problemi metafisici e il suo pensiero si slarga oltre i confini dello Stato per risalire attraverso l'umanità e la natura fino al primo Principio: Confucio vuole restaurare nella coscienza del suo popolo sviato il senso e l'amore per l'antichità perfetta; Lao Tsŭ vuol ridestare nella coscienza dell'uomo il senso e l'immanenza dell'eterno. In questo il pensiero di Lao Tsŭ ci appare più alto perchè dell'antichità non vuole solo, come Confucio, ricercare la regola ma penetrare lo spirito. Il Tao è infine l'ideale che tutti e due voglion raggiungere, ma Confucio vi vede solo una regola umana, mentre Lao Tsŭ vi intuisce una norma celeste. Ognun d'essi deduce da una diversa concezione, un'etica diversa. Si capisce subito che l'elemento dell'uno sarà l'attività pubblica, quella dell'altro la solitudine speculativa.

Confucio vuole che il suo uomo sia un cittadino che ha doveri da compiere e principi da rispettare e lo esige addirittura catafratto contro ogni influenza che esuberi da questi due momenti. Lao Tsŭ vuole

---

[21] Cfr. il mio art. nel *Marzocco*: «*Un illustre sinologo e la sua utopia*» (L'Universismo), Anno XXVII, n° 39, 24 settembre 1922.

invece che il suo cittadino si sublimi in uomo per intuire senza impedimenti la verità suprema che sta più in su del rituale confuciano. Confucio inculca l'obbedienza cieca ad un dovere anche se in essenza errato, Lao Tsŭ il vigile abbandono ad un sentimento la cui guida sente in sè infallibile.

La relazione fra i due uomini e le loro dottrine ha questo d'originale che quanto più si avvicina questa alla vita o si traduce quella in pratica, più la diversità che pareva in origine assai lieve, si accentua e s'accresce fino all'inverosimile. Avremo dunque che il Taoista disprezza per l'essenza l'apparenza, mentre il Confuciano cerca di solito nella seconda l'inane surrogato della prima. Il seguace del Tao si contenta in vita di rimanere il misconosciuto laico di smisurato ingegno e di potente dottrina che guarda con compassione al seguace di Confucio perdutissimo di formalità artificiali.

Il Confuciano professa il primato della volontà in quanto questa l'aiuta a conformarsi a certe leggi, a certe esigenze comuni, indispensabili al buon andamento dello Stato; il Taoista, invece, professa quello dell'intelletto, perchè il suo disinteressato speculare lo rende «*da tutte queste cose sciolto*». Il Confuciano molto metodico ma poco comprensivo, abbicato al fatto concreto, avido di brighe pubbliche, vuol sedere a scranna di riffa anche a costo di fastidire l'uman genere che presume di ben guidare; il Taoista, invece, consapevole e vasto, schivo di occupazioni pratiche e di dettagli inconcludenti, rilutta dall'imporsi agli altri, dal mettersi in vista anche a costo di disobbedire al Principe bisognoso di lumi. Confrontate p. es. il Confucio dei Dialoghi (Lun Yü) che barbificando quasi esclusivo su terreno storico, rigurgita di nomi propri, nomi di funzionari, di Principi, di uomini pubblici, di questi piccoli simboli del presente e del fuggevole cui Confucio annette tanta importanza, confrontatelo, dico, alla rocciosa densità del Tao Tê Ching, dove non c'è posto per le cariatidi umane, nè per lor lazzi e giuochetti ma dove tutto spira Religione, Umanità, Universo.

La differenza fra i due grandi maestri comincia presto ad esser rilevata dai seguaci di Lao Tsŭ, Lieh Tsŭ e Chuang Tsŭ, specie da quest'ultimo nel cui volume la sagoma di Confucio, esagerata e deformata da risorse espressive di prima qualità, attinge il grottesco di una caricatura, turgida di repressi singulti umoristici e velata di blande ironie socratiche, spiccando indimenticabile sopra le insenature e i rilievi del suo stile scultorio.

A Confucio tocca sempre la peggio quando Chuang Tsŭ lo mette in scena o davanti a Lao Tsŭ stesso o, in brevi ma gustosi quadretti paesistici, alle prese con qualche eremita taoista, umile ma in possesso di quella scienza vera che è la dottrina del Tao e che Confucio ha sempre ignorato e in questi colloqui[22] o nei suoi tentativi di conversione altrui[23] lo presenta sempre goffamente ridicolo, pentito, cascante dalle nuvole davanti alla verità che gli si fa balenare in faccia, sì che ne scappa fuori il prototipo dell'albagia impotente, della pedanteria presuntuosa, della mania faccendiera e ficcanaso la quale resta sempre spiaccicata a ghiado non appena ficca fuori la testa dalla coccia del suo teorismo utopistico.

Questo giudizio, sia quanto si vuole partigiano, di autori vicinissimi di tempo ai due grandi uomini, ben ci serve del resto a confortare la diversità delle due dottrine che si è voluta impugnare da certi sinologi moderni[24].

Anche differenze etniche o per meglio dire geografiche – chè nel vasto territorio della Cina e in una popolazione fortemente «métissé» a volte è lo stesso – posson trovare qui il loro posto come elementi costitutivi nella divergenza delle due personalità.

La questione Nord-Sud, in vigore anch'oggi, anzi mai come oggi più nettamente in rilievo, credo che abbia il suo primo esempio classico nel binomio Confucio – Lao Tsŭ. Il Nord (Confucio) produce un tipo di cinese in cui alla maggiore statura e solidità corporale fanno riscontro qualità psichiche corrispondenti: freddezza, circospezione, ragionamento, salda struttura mentale; il Sud (Lao Tsŭ) invece ne produce un altro del tutto contrario: il tipo è piccolo e nervoso, esuberante di gesto, immaginoso, impulsivo, tutto fronte e tutt'occhio.

Così una possibile comune sorgente di studio e di pensiero trovava nei temperamenti dei due antagonisti una naturale deviazione che doveva portare in pratica a quei risultati opposti, che ormai il lettore conosce dopo quel che siamo venuti esponendo in brevi tratti.

---

[22]   Cfr. per es. quello col «vecchio pescatore» Chuang Tsŭ, Lib. 31.
[23]   Cfr. Chuang Tsŭ, Lib. 29. Tentativo di conversione del brigante Chê.
[24]   Lieh Tsŭ parla di Confucio in tutti i Lib. della sua opera fuori che nel 6°; Chuang Tsŭ ne parla nei Lib. 2. 4. 5. 6. 9. 11. 12. 13. 14. 17. 20. 25. 26. 27. 28. 29. 31. 32.

II.
IL TAO TÊ CHING.

LA FORMA.

Dantescamente si potrebbe definire il Tao Tê Ching un'accolta di «*lettere mozze*» che notano molto «*in breve loco*», causa la maschia laconicità dell'espressione e a un tempo, i vasti orizzonti di pensiero che ci schiude davanti. Certo se l'incombenza di comporlo data a Lao Tsŭ dal Guardiano della barriera occidentale Yin Hsi ha del leggendario; se l'avere il Vecchio Maestro aspettato proprio il momento disagiato del viaggio a dar forma al suo pensiero già saldo, sembra a prima vista illogico, addentrandosi bene nello scritto, vediamo tuttavia dall'indole di chi si esprimeva così e da certi spunti biografici rantolanti qua e là come echi di passione profonda, che Lao Tsŭ era persona capace di farlo. Voglio dire che il carattere della scrittura soffia benissimo in poppa alla leggenda; perchè il libro ci appare come una successione di scoppi densi di necessità intime: è un piccolo torrente chiuso tra brevi sponde, ma gonfio d'impeto tanto che per gli ardui sbalzi, le improvvise giravolte, le perigliose cascate ci dà, nella sua esiguità, l'impressione di un gran fiume dirotto, di una forza elementare in sussulto. L'oscurità del Tao Tê Ching è celebre quasi quanto il testo stesso. Più che una ragione esterna, l'oscurità di Lao Tsŭ, e vedremo subito quale, ne ha una ben più intima: cioè la vasta comprensione mentale che quanto più in un autore è larga, tanto più pena a incastrarsi nelle commettiture del linguaggio il quale ha le sue leggi fisse. Se si aggiunge che la lingua cinese inclina per la sua particolare struttura ad una specie di laconismo vago, si riconoscerà come in questo libriccino genio d'idioma e genio di scrittore si siano dati la mano per qualcosa di suggestivamente ermetico che può più facilmente esser sentito che riprodotto.

Tutta la personalità di Lao Tsŭ aggiunge poi ancora del suo a questo stato di cose: cioè una individualità che non ama spandersi dilettosa ma raggrupparsi tragica, non fatta per dimostrazioni ampollose ma per rotti baleni: non è esso una fontanella allegra dalle musiche blande, ma un pozzo che ruinosamente si sprofonda in se stesso con cupo silenzio. Non tutte le mani che attingono ai ruscelletti son fatte per attingere la luce in quel lontano e liquido occhio pacato che s'apre nel profondo.

Lao Tsŭ esalta l'insegnamento senza parole: non trova altra via a rendere il suo pensiero che di condensarlo in una quasi esigua limpidità di diamante: la forma dell'antitesi gli si impone per necessità di violento raggruppamento tra le cose più disparate del Cosmo e se a sommo di questi cozzi bruschi fiorisce a volte il paradosso non si può dire del resto che non ne sprizzino anche «*innumerevoli faville*».

C'è da aggiungere che certe parti del testo ci appaiono come frammenti poetici rimati: qui si tratta senza dubbio di rimasugli che già forse a tempo del Nostro vivevano, senza autore, sulla bocca del popolo e che Egli riporta sotto forma di proverbio calzante per meglio rincalzare il suo pensiero o forse di cose coniate da Lui stesso perchè l'idea che gli balenava si esprimeva meglio e risaltava meglio in quel ritmo. Anche una postuma interpolazione taoistica non è da escludersi. Nella nostra traduzione diamo simili passi in corsivo.

IL TESTO E IL COMMENTO

Il titolo non è stato sempre quello che oggi ha. Sotto i Han (1ª Din. 202 a. C. - 8 d. C.; 2ª 25 - 220) abbiamo tre commenti all'opera di Lao Tsŭ che riportano invece del titolo il solo nome del Filosofo: mentre degli scrittori contemporanei al Nostro chi lo cita non ne ricorda il nome. Ogni volta che si parla di Lui o si cita qualche passo del Tao Tê Ching nei così detti Patriarchi del Taoismo, come Lieh Tsŭ (2ª metà del 5° sec. a. C.), Chuang Tsŭ (m. ver. 320 a. C.); Han Fei Tsŭ (m. 233 a. C.); Huai Nan Tsŭ (m. 122 a. C.) non si parla mai del libro[25]. Cioè Han Fei Tsŭ ricorda *un libro* ma non si sa se intenda parlare proprio del Tao Tê Ching.

Gli stessi commentatori indigeni non sono bene d'accordo sopra il significato che si deve vedere nel «Tao Tê»[26]; non può essere neanche

---

[25]   Lao Tsŭ [Lao Tan] è citato in Chuang Tsŭ, Lib. 3. 5. 7. 11. 12. 13. 14. 21. 22. 23. 25. 27. 33; in Lieh Tsŭ, Lib. 2. 3. 6. 7.
[26]   L'espressione si trova anche nel I Ching.

possibile che questo titolo risalga al tempo del suo autore[27]; chè non c'era allora l'uso di formar titoli. Secondo le parole di Ssǔ Ma Ch'ien, Lao Tsǔ avrebbe fatto il suo scritto dove si trattava del «Tao» e della «Tê», cioè secondo la nostra interpretazione moderna, «un trattato sul Principio e sulla sua virtù». Oggi questa opera ci sta davanti divisa in 2 parti e distribuita in 81 capitoli[28].

Non è neanche da credere che la divisione in capitoli esistesse fino da prima perchè se fosse esistita magari al tempo di Ssǔ Ma Ch'ien, egli, di certo, come parla delle 2 parti del Tao Tê Ching e dell'approssimativo numero degli ideogrammi, avrebbe anche parlato del numero dei capitoli. L'attuale divisione è forse il resultato di prove senza numero da parte dei commentatori intenti a ricercare un piano stabilito dove piano non c'era. E non solo parla Ssǔ Ma Ch'ien della divisione in parti, ma, come si è visto, anche del numero degli ideogrammi. Le precise parole dello storico sonano: «wu chien yü yên» «5000 e qualche parola». Ma uno dei più forti commentatori del Tao Tê Ching, Chiao Hung ci fa sapere nel suo «Lao Tsǔ Yi» «Aiuto alla comprensione di Lao Tsǔ» che parlando così, Ssǔ Ma Ch'ien, intendeva di far capire che il numero degli ideogrammi del libro non arrivava a 6000. Ora l'asserzione di Ssǔ Ma Ch'ien, data l'autorità sua, può aver contribuito a fare ristringere via via agli editori cinesi, il numero degli ideogrammi per ravvicinarsi più che era possibile al numero quasi stabilito dal grande storico[29]. La parte eliminata si deve ad ogni modo esser ridotta ai così detti «hsü tsǔ» «parole vuote» cioè a quelle particelle espletive che per quanto non abbiano un vero e proprio significato, servono tuttavia di direzione sintattica, per facilitare l'intelligenza dei testi. Ma se da una parte la loro soppressione ha riaccostato al numero tradizionale, canonizzato dall'autorità di Ssǔ Ma Ch'ien, gli ideogrammi del testo, rialzandone così la dignità agli occhi

---

[27]   Cfr. L. De Rosny, *Le Taoïsme*, pag. 45.

[28]   Parte I, 1-37; parte II, 38-81. Anche Chiao Hung è di questa opinione. Cfr. Julien, XXXV e De Harlez, pag. 7.

[29]   In alcuni ms, rinvenuti dopo la morte di L. T. il numero dei caratteri ammontavano quasi a 6000; quello chiamato An Chiu Wang Pên, scoperto dal monaco taoista Kou Chien tra il 477 e il 499, e quello detto Hsiang Yu Chieh Pên «*il ms. della moglie di Hsiang Yu*», così detto perché trovato da un uomo di Pêng scoprendo la sepoltura di un certo Hsiang Yu nel 574. Ho Shang Kung ne contiene 5722; il testo ufficiale [Kuan Pêng] di Lo Yang 5630; quello di Wang Pi oscilla tra 5610 e 5683; il testo del Julien ne dà solo 5320.

dei cinesi, dall'altra parte questo fatto ha avuto per conseguenza una maggiore densità della forma e quindi un maggiore oscurarsi di certi punti del testo, sospendendo così lo scritto in una zona dove vicini l'una all'altra stanno di casa l'aberrazione fantastica e la forzata interpretazione[30]. Per quel che riguarda la divisione in capitoli, non è certo chi l'abbia tentata per il primo, se Ho Shang Kung o Liu Hsiang[31]: da alcuni si attribuisce senz'altro a Ho Shang Kung[32] il quale avrebbe anche posto in cima a ciascuno degli 81 capitoli un titolo di due ideogrammi ma dai quali non c'è da aver gran luce, nè avviamento all'intelligenza del testo essendo questi spesso più difficili a capirsi che non il rispettivo capitolo che vogliono enunciare. Il loro senso è così lato che basta paragonarne la traduzione nel lavoro del Legge con quella nel lavoro del Carus, per convincersi che è meglio di fare come il De Harlez che le mette di suo e più esplicite, in cima ai capitoli. Ad ogni modo poichè questi titoli hanno essi pure il loro valore storico se si devono fare risalire, come sembra, ad un personaggio storico-leggendario come Ho Shang Kung, noi conserveremo il loro suono trascritto nelle note in fondo al volume e porteremo in cima ai capitoli tradotti una traduzione più libera e più adatta a illuminare il contenuto di questi.

L'esistenza di Ho Shang Kung[33], il quale, dopo aver riordinato e commentato il Tao Tê Ching, ne avrebbe fatto presente a Hsiao Wên Ti[34] della Din. Han verso il 163 a. C. è stata posta in dubbio da esegeti più prossimi a noi. Ho Kung, un sapiente che aveva retto come primo ministro il territorio di Chi secondo le norme stesse di Lao Tsŭ, durante la Din. Chin (350 a. C.), nella sua Shên Hsien Chüan «Storia dei Geni» fa del misterioso Ho Shang Kung, conoscitore e docente il Huang Lao Yên «parole di Huang (Ti) e di Lao (Tsŭ)», proprio il commentatore che

---

[30]   Questo procedimento spiega le diverse lezioni del testo in alcuni punti: Wang Pi ne dà solo una scelta; mentre altre edizioni ne danno una lista completa, per es. il Lao Tsŭ Yi di Chiao Hung.

[31]   Anche secondo Hsieh Hui, divisioni differenti si trovano nelle edizioni riportate dal Julien: Yên Chüng P'ing in 72 cap.; Wu You Ch'ing in 68; Wu Ch'ing in 67.

[32]   Cfr. J. Legge, Estratto della British Quarterly Review, luglio 1883.

[33]   Il nome sig. come lo trad. il Legge: «An old man who lived on the Ho-side». Cfr. Ssŭ Ma Ch'ien, Shih Chi, Lib. LXXX, par. 7.

[34]   Taoista d'istinto (179-757 a. C.). Suo figlio Han Chin Ti (156-140) mette al libro di L. T. il titolo di T. T. C. Ho Shang Kung avrebbe consegnato il suo commento all'Imp. il 163 a. C.

avrebbe offerto il suo Tao Tê Ching al suddetto Imperatore Wên dei Han. Il Legge si attiene invece a questo Ho Kung più recente e par relegare l'altro Ho Shang Kung più antico nel regno della leggenda.

Da questo momento incominciano i commenti al Tao Tê Ching[35], di cui noi ricorderemo i più utili. Il più antico forse che ci sia conservato, se non si ritiene autentica l'opera di Ho Shang Kung e che lo precederebbe di un secolo, è quello di Wang Pi, dotto di maravigliosa precocità, morto ventiquattrenne nel 249 d. C.[36]. Dopo avere ricordata l'opera di commento storicamente più antica con Wang Pi [37] ricordiamo sùbito quella più completa con Chiao Hung (m. 1620) di soprannome Pi Shêng: la sua opera che abbiamo citato più sopra, il Lao Tsŭ Yi è un commento fatto allo scopo di avviare alla piena intelligenza del Tao Tê Ching e, come tale, riassume in sè tutti gli altri commenti più importanti da Han Fei Tsŭ (Din. Ch'in) [m. 230 a. C.] fino al tempo in cui Chiao Hung scriveva, cioè nel 1588. Tra i più noti commenti che raccoglie basti citare quello di Liu Chieh Fu (1078), di Wu You Ch'ing (1260-1368), di Li Hsi Chai e di Su Tsŭ Yu (1098). Anche il commento fatto dal letterato più grande della Din. Yüan (1280-1367), Wu Ch'ing (1249-1333) va mentovato per il suo grande valore, per l'ardita e libera interpretazione.

Del tempo dei Ming (1368-1643) ricordo Hsieh Hui (1530), conterraneo di Lao Tsŭ: il suo commento «Lao Tsŭ Chi Chieh», un riassunto di tutti i commenti migliori è stato utilizzato da Julien che però lo definisce «*insuffisant*» alla piena comprensione del testo. Il commento (*buddista!*) Tê Ch'ing, utilizzato dal De Harlez, cade esso pure nel tempo della Din. Ming. Aggiungasi anche quelli Ssŭ Ta Chun 1768 e Yi Yüan 1816 dell'ultima Din. Ch'ing (1644-1912)[38].

---

[35] Cfr. Julien, pag. XXXII-XLV. Aveva anche altra lista di 34 commentatori, ma confuciani. Ved. anche la vasta bibliografia del Wieger, *Les pères du système Taoïste*, Tome II, 6-17.

[36] Nel catalogo Sui gli è assegnato il secondo posto.

[37] Il comm. di Wang Pi è definito dal Julien «*corto, oscuro, fatto sopra un testo pieno d'errori*» ma si tratta qui di un altro Wang Pi (Din. Wei 386-544). Quello a cui si riferisce il De Harlez muore giovane, ventiquattrenne, nel 249 d. C.

[38] Non si possono considerare veri e propri com. di Lao Tsŭ, come vorrebbe il Giles, Lieh Tsŭ e Chuang Tsŭ, ma piuttosto autonomi e magnifici amplificatori della sua dottrina.

Scoperto dopo tanti anni di silenzio in un momento di rinascita letteraria per la Cina, verso la fine della Din. Han, circa 200 anni d. C. il libro di Lao Tsŭ non mancò da quel tempo, come si è visto dai diversi commenti, di esercitare una grande influenza sulla storia spirituale di tutto il Paese e di generare gran copia di scritture che assai presto formarono un corpo a parte. Uno di questi cataloghi è il Ta Ming Tao Tsang Mu Lu redatto nel 1626 indice dell'opera sulla patrologia taoista «Tao Tsang» stampato fra il 1506 e il 1521. Il migliore di tutti è il Tao Tsang Chüan Shu *Opere complete del canone taoista»*: ai nostri giorni è apparso «Le Canon taoïste» del Wieger.

Fin da prima, davanti al Confucianesimo trionfante, il Libro di Lao Tsŭ non mancò di esercitare un fascino sottile sopra spiriti più assorti e mentalità più affini. Difatti, vediamo presto uomini come Lieh Tsŭ, Chuang Tsŭ, Han Fei Tsŭ, Ho Kuan Tsŭ ritrovare se stessi e il proprio stile nel culto di questa dottrina.

Però non si deve credere che il Taoismo incominciato storicamente dalla redazione del Tao Tê Ching restasse sempre nell'àmbito dottrinale; al contrario vediamo come questo si scinda presto in più rami e si trasformi nel tempo, mano mano che si allontana dalla sua radice.

È del 165 d. C. la prima dimostrazione pubblica per il culto di Lao Tsŭ, indetta dall'Imperatore Huan (Din. Hou Han 25-220 d. C.) dove il Filosofo viene ufficialmente riconosciuto capo del Taoismo: ma la sua dottrina non tarderà, già sotto i Hou Han, a traboccare dalla speculazione filosofica nella azione politica. Si vide allora una concezione soprannaturalistica del Cosmo farsi o meglio esser fatta, fulcro di un grande movimento rivoluzionario. Questo, capitanato da un certo Chang Lu (m. 220) sboccherà nella famosa rivolta dei così detti «*Turbanti gialli*» «Huang Chin» nel 184; cui risponderà, a gran distanza di tempo, quella ancor più terribile dei Boxers nel 1900.

Il Taoismo mistico[39] sorge all'epoca dei San Kuo (221-264) con l'alchimista Ko Hsüan, fra il 238 e il 250 e seguita a svolgersi anche sotto la seguente Din. Chin (265-419)[40].

---

[39] Il Wieger vi scorge una traspiantazione del Sistema gnostico di Basilide [Cristo = spirito = voῦς]. (?)

[40] Cfr. le due importanti opere taoistiche che forse cadono dur. la Din. Chin: Ta Tung Yu Ching e Shang Ch'ing Ta Tung Chên Ching.

Il Taoismo alchimico magico e dietetico è iniziato nel 326 da Ko Hung[41], parente del suddetto Ko Hsüan. Già in Lieh Tsŭ e in Chuang Tsŭ sono rintracciabili certi sviluppi di un magicismo, i cui primi embrioni si potrebbero far risalire al Tao Tê Ching stesso.

Il Taoismo politico si organizza nella leggenda di Chang Tao Ling sotto il regno di T'o Pa Tao, durante l'epoca Nan Pei Chao (420-588)[42], per istigazione del suo consigliere Tsui Hao[43] nel 424, tutto a carico del Buddismo.

Un periodo di suprema fioritura taoistica si schiude con la Din. T'ang (620-900), età famosa anche per tutti gli altri rami della letteratura cinese. I libri taoisti furono raccolti nel 745 e formarono così la base per l'intero canone futuro[44]. Durante la Din. Sung (960-1279), età filosofica per eccellenza, il Taoismo, seguita a svilupparsi con vigore: quasi tutte le speciali direttive prese dal Taoismo nel corso del tempo vi son coltivate: abbiamo anche somme dottrinali, trattati disciplinari, ecc. Sotto la Din. Yüan (1280-1367) la letteratura taoista subisce, invece, un arresto[45]; mentre sotto la seguente Din. Ming (1368-1644)[46] il Taoismo

---

[41]   Autore del Pao P'u Tsŭ, trattato di Taoismo dietetico, magico e alchimico.

[42]   L'epoca Nan Pei Chao: «*Din. meridionali e occidentali*» si divide in 7 piccole Din.: per le Din. mer.: 1° Ch'ien Sung [Liu Sung] (420-478): appare il Lu Hsien Shêng Tao Mên K'o Liao, di Lü Hsü Ching che contiene un esame dei principi taoisti; 2° Nan Ch'i (479-501); 3° Liang (502-556) Tao Hung Ching mette insieme il Chên Kao, ver. il 536, codice del Taoismo mistico; appare anche lo Shu Yi Chi, raccolta di folklorismo; 4° Chên (557-558): per le Din. occ.: 1° Pei Wei (fino al 557); 2° Pei Ch'i (fino al 577) verso il 570 appare il Liu Tsŭ di Liu Chou, trattatello di morale; 3° Pei Chou (581).

[43]   Perseguitato dai Buddisti.

[44]   Ricordiamo due importanti trattati: Kuan Yin Tsŭ (Yin Hsi, cfr. Introd., pag. VIII n. 1) nel 742 e il Kung Kuo Ko di Lu Tung Pin nell'800, considerato iniziatore del Taoismo popolare.

[45]   Da citarsi l'elaborazione del Tao Tê Ching di Wu Ch'ing (1249-1333) l'uomo più dotto dell'epoca e lo Shang Yang Tsŭ Chin Tan Ta Tao di Ch'ên Chih Hsü, trattato su i principi taoistici.

[46]   Cito l'immenso lavoro del Ta Tsang «*La Patrologia taoista*» compilata fra il 1500 e il 1521 col suo indice Ta Ming Tao Tsang Mu Lu del 1626. L'opera di Chiao Hung, il Lao Tsŭ Yi e il Chuang Tsŭ Yi: la raccolta di racconti taoisti il Pai Hai.

compie il suo massimo sforzo. Sotto l'ultima Din. Ch'ing (1644-1912) si cessa quasi del tutto di comporre opere dottrinali taoiste[47].

Questa in breve e per sommi capi la gran fonte che nata dalle profonde scaturigini del Tao Tê Ching ha irrigato per vie diverse la cultura cinese attraverso il tempo. Ai giorni nostri, dopo l'abbattimento dell'ultima Dinastia (1912) e l'instaurazione della Repubblica Cinese «Chung Hua Min Kuo», ogni sviluppo ulteriore di dottrina taoistica è tenuto indietro dall'insegnamento ufficiale. A Lao Tsŭ sembra toccare la stessa sorte di Confucio. Negli ultimi tempi si è tentato una specie di sincretismo di tutte le religioni dove è naturalmente rappresentato anche il Taoismo; ma si tratta di casi sporadici[48].

QUESTIONI E TRADUZIONI

Come già si è avuto luogo di vedere incidentalmente, diverse opinioni regnano intorno all'origine del Taoismo che trova la sua prima redazione ufficiale nel Tao Tê Ching di Lao Tsŭ. La prima questione che si affaccia è se la Dottrina del Tao sia veramente un genuino rampollo cinese o no. Il Plath crede di sì; altri come lo Strauss e il Legge arrivano a presupporre una specie di comunanza religiosa basata sulle stesse idee esistente avanti a Lao Tsŭ: il Wieger asserisce che il così detto Pretaoismo non è altro che un frutto maturato nel terzo ministero degli Chou per opera di annalisti e di astronomi che vi lavoravano insieme, animato soltanto da un po' d'immissione monistica indiana. Il Dvořák non indugia a credere errata l'idea di fare risalire l'origine del Taoismo a Huang Ti *L'Imperatore Giallo* (2697-2597 a. C.) e si afferma così della stessa opinione dell'Edkins[49], il quale crede che lo sforzo di Lieh Tsŭ e di Chuang Tsŭ di farlo risalire tant'alto, sia scaturito dal bisogno d'inscenare a questo un lontanissimo sfondo di antichità onde rialzarne il prestigio.

---

[47]   Il convento taoista Pai Yün Kuan (Pekino) è l'unico faro di Taoismo. Cito la raccolta di racconti Lao Chiai Chih Yi: l'An Shih Fêng e Yü Li Ch'ao Ch'uan, trattati morali.

[48]   L'associazione «Tao Yüan» «*La Corte della Dottrina*» costituita nel febbr. 1921 a Chi Nan Fu (Shang Tung) dall'ufficiale Liu Min Sêng.

[49]   *The book rose in repute when Huang Ti was said to be the author.* Edk. Huang Ti (2677-2597) è citato da Lieh Tsŭ nei cap. 1. 2. 3. 5. 6 e da Chuang Tsŭ nei cap. 6. 10. 11. 12. 14. 16. 18. 21. 22. 24. 29.

Stando al Plath e seguaci Lao Tsŭ non avrebbe avuto bisogno di monismo indiano, ma l'idea del Tao l'avrebbe trovata in germe nella stessa antichità cinese.

Non si può neanche ammettere che Confucio abbia, nella redazione dei suoi Shu Ching e Shih Ching, radiato a bella posta tutto ciò che vi appariva di taoistico originario per avversione ai principî di Lao Tsŭ e che il sesto libro dell'opera di Lieh Tsŭ il quale si aggira intero su Huang Ti – che può essere, è vero, nella sua mitica lontananza considerato per le sue virtù maravigliose come un modello perfetto di Taoista – basti per farci supporre l'esistenza di un libro che abbia servito di modello a quello di Lieh Tsŭ stesso.

Ai giorni nostri il De Groot ha fatto col suo tanto discusso «*Universismus*»[50] un serio tentativo di riallacciare il pensiero confuciano e quello taoista ad un'unica comune sorgente da ritrovarsi in grembo alla vecchia concezione universistica di cui è satura secondo lui l'antica civiltà cinese. L'assunto del De Groot fu ritenuto dalla comune dei sinologi una utopia speciosa, perchè per quanto l'autore faccia, riesce solo a dimostrare nel suo libro una grande dottrina e non una verità lungamente ignorata dagli altri.

Ma l'opinione che per la sua forza rivoluzionatrice ha meritato di divenire una vera questione è quella di H. Giles[51] che qualche decennio fa impugnò, con il suo noto piglio dogmatico, trattarsi, a proposito del Tao Tê Ching, di un'opera organica dovuta ad un solo autore ma di un vero e proprio centone raccozzato in più tempi e in più modi con frasi da Chuang Tsŭ, da Han Fei Tsŭ e da Huai Nan Tsŭ. Già prima del Giles si era pensato, come si è visto, di far risalire il pensiero di Lao Tsŭ a quello di Huang Ti, una specie di demiurgo che reca tutti i caratteri della figurazione mitica. A Huang Ti è attribuito un libro, certamente apocrifo, l'«Yin Fu Ching» composto forse dal suo presunto commentatore Li Chüan (Din. T'ang, nel 750) e che mostra lo stesso

---

[50]   Cfr. J. J. M. De Groot, *Universismus*, Berlin, 1918. [Cfr. anche Pref. I., not. 21]. Per il De Groot tutti i rami del sapere cinese sono di natura religiosa, cioè elementi diversi di un solo Universismo sovrano. «*Diese Religion ist demnach jetzt volle zweitausende Yahre alt. Ihre Wurzel, der Universismus, reicht selbsverständlich wiel tiefer in die Vergangenheit hinab als die Schriften mittels derer die universistischen Gedanken der Nachwelt überliefert sind*», pag. 4.

[51]   Cfr. Herbert Giles, *The remains of Lao Tsŭ*, Hong Kong, 1886. Anche nella sua *History of Chin. Literature*, 1901.

nucleo d'idee del Tao Tê Ching. Il Giles chiama dunque il libro di Lao Tsŭ ch'egli non avrebbe composto ma a cui si è imposto il suo nome, addirittura «*a forgery*» e le ragioni che adduce sono diverse e attaccano l'opera tanto dal di dentro che dal di fuori. Egli si chiede perchè i seguaci di Confucio, assai prossimi di tempo ai due filosofi, come p. es. Mêng Tsŭ non faccia mai parola nè di Lao Tsŭ nè del suo libro. Ribattendo si potrebbe rispondere che Mêng Tsŭ non parla mai neanche di Chuang Tsŭ, il quale levava di già gran romore per la *verve* del suo stile personalissimo. Inoltre il Giles osserva che Chuang Tsŭ stesso riporta, è vero, frasi del Tao Tê Ching ma che non ne cita mai come autore Lao Tsŭ, anzi pare attribuirle addirittura a Huang Ti; accenna al parlare che ne fa in modo piuttosto generico lo stesso Ssŭ Ma Chien, ciò che fa pensare che il grande storico possa averne sentito dire ma non è una prova ch'egli lo abbia letto e che il Tao Tê Ching fosse veramente esistito a suo tempo.

Il Tao Tê Ching non sarebbe dunque altro che un'accozzaglia male assortita di frasi e di dettati senza alcun nesso logico tra loro. Anche a questo si potrebbe rispondere che se uno scritto non ha unità formale potrebbe benissimo averne una interiore, come è il caso del Tao Tê Ching. Sempre secondo il Giles, Han Fei Tsŭ ha citazioni da Lao Tsŭ diverse però nell'espressione di quel che appaiono nel Tao Tê Ching e queste hanno un senso in Han Fei Tsŭ mentre in Lao Tsŭ non ne avrebbero alcuno. Intende il G. che subirono deformazione quando furono tolte da Han Fei Tsŭ per impastare quel «*pulmentum*» ch'egli pretende di vedere nel Tao Tê Ching? O non avrebbe piuttosto il tanto meno conciso Han Fei Tsŭ, inserendole nel suo libro sentito il bisogno di meglio chiarirne l'espressione con qualche aggiunta? Il G. afferma che se Han Fei Tsŭ parla per due volte di un «*libro*» non è dimostrato con ciò che si tratti proprio del Tao Tê Ching, e che potrebbe forse trattarsi di qualche illustrazione della dottrina del Tao in generale. Anche trova il G. la disposizione dei capitoli più logica in Han Fei Tsŭ che in Lao Tsŭ. Per quel che riguarda la forma, egli nota che certe espressioni del Tao Tê Ching non si trovano registrate nel famoso Shuo Wên[52], lessico etimologico di 10.000 ideogrammi accettati, del principio dell'era nostra. Il lavoro di Hsü Shên cadendo verso il 200 e il

---

[52]   Cfr. lo Shuo Wên Chieh Tsŭ di Hsü Shên vers. 220. Questo eccellente lessico contiene oltre 10.000 ideogrammi e ha servito poi come dicono i cinesi di base a tutti gli altri lavori di lessicografia che seguirono (*i Shuo Wên wei pên*).

non trovarveli accolti significherebbe che il Tao Tê Ching è stato messo insieme più tardi.

La supposizione del Giles per quanto possa apparire geniale, è stata ribattuta con energia da una serie di scienziati moderni[53] che amano meglio di attenersi alla leggenda che logorarsi in ricerche ormai reputate impossibili. Nei suoi «Remains» il G. si rivela vittima di quell'ipercriticismo dissolvitore, di quel supposizionismo pseudointuitivo, uso quello del Wolf dei «*Prolegomena ad Homerum*» e quello del I. E. Hart, Delia Bacon e W. H. Smith della questione «*Bacone-Shakespeare*»[54].

Gli antagonisti del G. ribattono che alla sua supposizione mancano veri fondamenti; che Ssŭ Ma Ch'ien, appoggiato sulla storia di Pan Ku[55], dà sopra i libri canonici confuciani la preferenza al summentovato Huang Lao Yên[56]; che sebbene nei filosofi taoisti come Lieh Tsŭ e Chuang Tsŭ e specie in Han Fei Tsŭ e Huai Nan Tsŭ, la citazione delle parole del M. appaia qua e là alterata, spesso, tuttavia è fatta precedere dalla forma stereotipata «Lao Tan yue:» «*Lao Tan disse*:»; anzi Han Fei Tsŭ con Huai Nan Tsŭ, riporta in citazioni quasi l'intero Tao Tê Ching[57].

In Europa, com'era naturale, si cominciò solo tardi ad occuparsi di Lao Tsŭ, sebbene i primi gesuiti cominciassero subito ad accoppiare il suo nome a quello di Confucio. Alcuni di essi vedevano in Lao Tsŭ e in Confucio due capi setta che avevano concorso ad appestare (sic) la Cina[58] con le loro dottrine, altri lo ricordavano come il banditore di ben cinque secoli avanti l'era nostra del mistero della santissima unità e trinità d'Iddio[59].

Ma il primo da noi ad occuparsene con serietà di filologo fu Abel Rémusat, l'iniziatore degli studi sinologici in Europa. Un suo primo

---

[53]   Il Chalmers, Edkins, Parker, Legge, Grube, ecc.

[54]   Cfr. J. Schipper, *Der Bacon-Bacillus*; e Kuno Fisher, *Shakespeare-Jahrbuch*, Lib. 32.

[55]   Din. Hou Han (25-220) compilatore della Ch'ien Han Shu e del Pai Hu Tung, m. nel 92.

[56]   Cfr. Ssŭ Ma Ch'ien, *Shih Chi*, Lib. LXIII.

[57]   71 cap. su gli 81 del Tao Tê Ching.

[58]   Du Halde (1736).

[59]   Padre Couplet (1667). La sua trad. non ha valore. Cfr. Legge, cap. 72. Per la presunta trinità cfr. T. T. C., cap. 42: ved. anche Bouvet, Fouquet, Prémare, Amiot e Montucci.

discorso tenuto all'Accademia Francese nel 1820 è frutto di studi diretti sul testo[60]. A questo fece seguire il famoso scritto «*Mémoire sur la vie et les ouvrages de Lao Tse, philosophe chinois du VI siècle a. n. è, qui a professé les opinions communément attribuées à Pythagore à Platon et à leur disciples*[61]». Il Rémusat tenta solo qualche parallelo tra Lao Tsŭ e i filosofi greci e non dà che brevi saggi di traduzione dal Tao Tê Ching. Alla fatica reputata formidabile dal Rémusat doveva invece sobbarcarsi con la solita avventata disinvoltura G. Pauthier con una versione latina e una parafrasi francese di cui però uscirono solo nel 1838 i primi nove capitoli[62].

Un grande progresso viene invece compiuto da Stanislao Julien, il più grande sinologo dei suoi tempi, col suo «Lao Tseu Tao Tê King» «*Le livre del la Voïe et de la Vertu*». È stata rimproverata al Julien la meticolosa precisione filologica nello studio di un testo che doveva essere non solo linguisticamente inteso ma anche filosoficamente interpretato[63]: come poi facessero questi oppositori, che non avevano la profonda conoscenza grammaticale e sintattica del Julien, a capir bene il senso prima di aver capito bene la lingua, resta un problema. Il Julien invece è stato il primo a portare nello studio di questo difficile idioma quella scrupolosa precisione di vero scienziato per mezzo della quale solo si può giungere a qualche resultato.

Il lavoro seguente del Chalmers[64] che non ha mire scientifiche si appoggia su quello del Julien.

Nel 1870, tempo della vittoria prussiana, Lao Tsŭ ha due traduzioni tedesche: una collo Strauss[65], opera soda e accurata, tanto dal punto di

---

[60]   *Mémoires de l'Académie des inscriptions et belles lettres*, tom. VII, 1824.

[61]   Dà solo la trad. dei cap. 1. 25. 41. 42. Trad. la parola «Tao» con «*raison*». [Cfr. Couplet: «*ratio*»].

[62]   Pauthier, *Le Taò Tè King ou le libre révéré* (sic) *de la Raison suprême et de la vertu, par* Lao-tseu, Paris, 1838. Il P. accompagna la sua trad. col comm. di Hsieh Hui.

[63]   Il lavoro del J. fu sùbito apprezzato dallo Schott. Il Pauthier, sempre avverso al J., trova nel suo lavoro «*peu d'intelligence*». Il De Rosny vi vede «*une œuvre très remarquable au point de vue philologique*» ma per il senso «*un tissu de non-sens et d'absurdité*» Le Taoïsme, [Le Tex du T. T. King, Cap. III, pag. 60]. Il Giles afferma che la trad. del Julien è quasi totalmente «*indifensible*». [*The Chin. Rev.*, XIV, 233].

[64]   *The speculations of the old Philosopher Lau Tsze*, 1868.

[65]   Victor v. Strauss, *Lao Tsè, Taò Té King*, Leipzig, 1870. Cfr. anche una

vista filologico che filosofico, e l'altra col Plaenkner[66], la quale è piuttosto una parafrasi, assai cervellotica a volte, visibilmente diretta ad abbassare l'opera del Julien.

Del 1884 è la trad. di F. H. Balfour[67]. I difetti del suo punto di vista sono stati rilevati abbastanza dal Legge[68], dal Giles[69] e dal v. d. Gabelentz ed altri.

Un progresso si nota col De Harlez[70]: egli si fonda oltre che su i commentatori già utilizzati dal Julien, come per es. Hsieh Hui e Chiao Hung, per la prima volta su Wang Pi. Il libro del De Harlez non contiene solo la traduzione del Tao Tê Ching, ma anche quella parziale di altri testi taoistici[71]. Contemporaneo è il lavoro di J. Legge[72]: egli si era già occupato di Lao Tsŭ in uno studio sulla Quarterly Review[73]: da notare è che il Legge adopra, nella trad. dei passi rimati, la rima e il metro anche nella trad. inglese. La sua ricca conoscenza del cinese si rivela in certa tal quale indipendenza di giudizio davanti alle asserzioni degli stessi esegeti indigeni, ma dà a volte nell'artifizio e non è sempre chiara e a differenza del Julien batte più sul pensiero che non sul significato verbale del testo.

Del 1893 è la trad. russa del giapponese Konishi che ha utilizzato, insieme al Julien ed altre edizioni giapponesi, una edizione originale del Museo Rumjacow di Mosca. Lodevole è l'impegno dell'A. di voler rintracciare nel Tao Tê Ching un sistema filosofico alla maniera occidentale.

Dopo viene la trad. olandese del Borel[74]. L'A. stesso dichiara che la sua trad. «non è per sinologi»: egli si appoggia esclusivamente sulla trad. del Julien: le note, o per meglio dire le chiarificazioni

recente ristampa dell'«Asia Major», 1924. Lipsia.

[66]   Reinhold v. Plaenkner, Lao Tse, Taó-Tè-King, Der Weg zur Tugend Leipzig, 1870.

[67]   Taoist Texts, Ethical, Political and Speculative, Shang Hai, 1884.

[68]   The Chin. Rev., XIV.

[69]   The Texts of Taoism, XVI.

[70]   Textes Taoïstes (Annales du Musée Guimet, Tome XX). Cfr. anche il suo scritto precedente. «Lao tze, Le premier philosophe chinois ecc.» Academie de Belgique, vol. XXXVIII, 1886.

[71]   Wen Tsŭ: Han Fei Tsŭ; Huai Nan Tsŭ; Lieh Tsŭ; Chuang Tsŭ. La trad. di questi testi è parziale.

[72]   The Texts of Taoism, «The sacred Books of The East», Oxford, 1891.

[73]   15 luglio 1883.

[74]   De Chineesche Filosofie, vol. II. Lao Tsz', Amsterdam, 1897.

amplificatorie del testo sono del tutto prive di contenuto filologico, Con il lavoro quasi brullo del Borel fa pittoresco contrasto quello del Carus[75]: la seconda edizione del 1913 è assai migliorata. Non porta niente di novo e salta i punti più difficili del testo; imita il Legge nel riprodurre le parti rimate.

L'accurata opera del Dvořák[76] con molte note e osservazioni si distingue sull'altre per aver tentata, come nel lavoro del Konishi, una distribuzione logica nel contenuto del Tao Tê Ching: l'A. però eccede in minuzia (fino ad analizzare l'etimologia dei caratteri, cosa che un buon lessico fa meglio di qualsiasi traduttore). Quella del Grill[77] che vien dopo, tenta soverchiare nell'apparato scientifico lo stesso Dvořák: adopra il testo fissato dal Julien, il commento è grave e sovraccarico e la trad. riesce solo in pochi punti perspicua. Fa miglior figura, accanto a questo, il lavoro del Wilhelm[78], per quanto, tutto sommato, riesca insufficiente nella parte filologica e nel commento. Prima del Wilhelm è la trad. del Wieger[79]. Trad. molto libera che non sta al senso verbale ma mette molto di suo e specie nei punti più difficili, dove si chiederebbe invece maggiore precisione esplicativa, salta o parafrasa: metodo disastroso che, più che aiutare, abbatte lo studioso che desideri di riscontrare la traduzione sul testo.

Minore importanza, perchè fatti a scopo puramente divulgativo sono i lavori di Noak[80], Ular[81], Maclagan[82], Kingsmill[83], Hartman[84], del Kohler[85], il quale introduce la forma in versi ripresa anche dal Wilhelm.

---

[75]   Lao Tze's, *Tao Teh King*, Chicago, 1898. Cfr. la nova ed. abbrev.: The Canon of Reason and Virtue (*The open Court Publishing Co.*), Chicago 1913, già pubblicata un anno avanti nel Monitor, vol. VII, 1897, pagine 571-601.

[76]   Lao Tsï und seine Lehre (in Chinas Religionen), Munster in W., 1903.

[77]   Lao Tszes Buch vom höchsten Wesen und vom höchsten Gut. (Tao-Tè-King), Tübingen, 1910.

[78]   Lao Tse, Tao Te King, Das Buch des Alten von Sinn und Leben, Jena, 1921.

[79]   Le Pères du Systeme taoïste, Taoïsme. Tome II, 1913.

[80]   Taotekking (?) von Lao tsee, 1888.

[81]   Lao Tse, Die Bahn und der rechte Weg, 1903.

[82]   Cfr. Chin. Rev., XXIII (1898-99).

[83]   Ibid., 1899-900.

[84]   Theosophie in China, Betrachtungen über das Tao Teh King, Leipzig, 19..(?)

[85]   Des Morgenlandes grösste Weisheit, Lao Tse, *Tao Te King*, Berlin und Leipzig, 1918.

Dei filosofi che si occuparono seriamente del N. sono da citare Schelling e Hegel: ai nostri tempi anche il Tolstoi[86] avrebbe pensato a tradurre il Tao Tê Ching e fra i glottologi Max Müller.

Nella nostra trad., condotta sui testi fissati da Chiao Hung e da Wang Pi diamo nelle note la trascrizione completa del testo che abbiamo frammentato secondo certi nostri criteri di senso e di ritmo[87]. Con l'aiuto di questa nostra trad. dove la cura dei frequenti richiami grammaticali e la comparazione con le altre trad. anteriori nei punti meno facili, è stata costante, il profano còlto potrebbe iniziarsi benissimo allo studio del cinese cominciando sùbito da questa opera classica.

---

[86]   Cfr. Carus, op. cit., Intr., pag. 25, not. 1.

[87]   Anche il diciassettesimo volume della grande miscellanea Hsü Ku Yi Ts'ung Shu, cioè il Sung Pên Lao Tsŭ Tao Tê Ching, Ku Pên Chi Chu è stato da noi scrupolosamente confrontato. Cfr. Note, pag. 143, n. 1.

III.
LA DOTTRINA DI LAO TSŬ[88]

COSMOLOGIA: MONISMO

Il libro di Lao Tsŭ contiene nella sua angustia lapidaria quasi tutte le parti più importanti di un sistema filosofico completo: una metafisica, nella descrizione del Tao e della sua virtù, presi come principio supremo: un'etica, nella esposizione della sua teoria del Non-fare: una politica, nella prescrizione di mezzi pratici al raggiungimento del buon governo. Anzi Lao Tsŭ deduce con infrangibile nesso logico l'una dall'altra ognuna di queste discipline.

I traduttori occidentali han reso in diverse maniere la parola cinese «Tao» che presa nel senso letterale significa «via» ma che nel concetto di Lao Tsŭ ha significato più alto ed equivale a: «*Principio, Monade, Assoluto*». Il Carus, dietro l'esempio del Rémusat, ha fatto tentativi di riavvicinamento tra il Tao e analoghe concezioni di sistemi filosofici nostrali: lo riallaccia per es. al λογος del Novo Testamento; al βυτος[89] dei Neo-platonici; al «*causa sui*»[90] di Spinoza; all'αποιος di Filone[91]. Si potrebbe anche aggiungerne altri, come il πρωτον di Plotino; il μονη, il προοδος, l'ἐπιστροφη di Proclo, come le tre fasi taoistiche: emanazione, sviluppo, ritorno alla radice[92]. Si potrebbe su questa via assimilare al Tao di Lao Tsŭ l'απειρον di Anaximandro. Anche mistici tedeschi quali l'Eckart e il Tauler secondo il Carus, per la loro

---

[88] Chi volesse farsi di questa dottrina un'idea più larga e più completa, veda la mia «La Dottrina del Tao», Nicola Zanichelli, Bologna, 1927 che è il primo tentativo di ricostruzione sistematica del pensiero taoista nel suo svolgimento filosofico storico-politico e religioso.

[89] Cfr. Lao Tsŭ «*hsüan*», Cap. I, cap. ver. 13.

[90] «*wu yüan*».

[91] «*wu wei*». Cfr. l'«ἀκατονομαστος και ἀῤῥητος» di Filone.

[92] «*kuei ch'i kên*».

concezione mistico-panteista, potrebbero passare per Taoisti[93]. Aggiungiamo anche gente come Jacob Böhme e per certi lati i nostri Bruno e Campanella.

Il Julien resta attaccato al senso letterale di «*via*» «*voie*». Secondo il Rémusat il Tao è la «*raison primordiale*» ed indica come equivalente il λογος platonico nel suo triplice significato di «*souverain être*» «*raison*» «*parole*»; difatti anche il Carus rende con «*reason*». Meglio è come fanno il De Harlez, il Legge, lo Strauss attenersi alla parola originale Tao, subaudendovi tutto ciò che essa racchiude in sè di soprannaturalistico e d'ineffabile.

Il De Groot intende Tao «*Bahn oder Weg worin sich dass All bewegt*». Egli non s'affissa, dunque, nel «*Principio*» in sè, come forza inafferrabile, ma nel complesso già tangibile delle sue esteriorizzazioni. Questo sguardo globale sull'universo nel cinese ha condotto, secondo il De Groot ad una specie di «*universistische Weltanschaung*». Le basi di questa concezione ei le trova già nel I Ching, nel «*Libro delle mutazioni*», dove il vivente organismo dell'Universo è chiamato «T'ai Ch'i» «*Il Grande Vertice*» il quale avrebbe prodotto di sè i così detti «*Due ordinatori*» «Liang Yi»: Yin = «*ombra*» e Yang = «*luce*». Il primo rappresenta il principio *femminile*, il secondo quello *maschile*. Secondo il 3° appendice del I Ching, il Tao non sarebbe altro che il nome di questo[94] dualismo alterno ed eterno, che pervade di sè tutta la compagine del Cosmo con la sua vicenda d'ombra e di luce, di giorno e di notte, di vita e di morte. Si verrebbe allora alla conclusione che «Tao», nome della modalità onde si esplica il «*Principio*» attraverso l'eterna vicenda delle due fasi avverse, fosse uguale, prendendo il nome per la cosa, a T'ai Ch'i, cioè «*principio, monade, Dio*». Ora questo «*principio*» una volta ammesso Lao Tsŭ lo riconosce come inesprimibile, inconoscibile; come qualcosa a cui la ragione umana non arriva e che non può essere afferrato che dalla nostra intuizione: bisogna arrivarci, se mai, col metodo negativo come facevano gli antichi mistici cristiani con la loro «*via negationis ad Deum*»: tutto ciò che è attivo, finito, tutto ciò che ha scopo, volontà non è «tao». Il Tao è una sorgente di vita che non si esaurisce mai; che più dà di sè e più di sè possiede. Gli elementi naturalistici di questa concezione spiccano alla vista. Il Tao crea tutto, ma spontaneamente, senza accorgersi della sua

---

[93] Cfr. anche Manacorda in *Mistica Minore*, pag. 258.

[94] «*i yang i yin, chih wei tao*». Cfr. Lao Tsŭ, Cap. 42; Lieh Tsŭ, Lib. 1. 2; Chuang Tsŭ, Lib. 6. 11. 14. 17. 19. 21. 22. 23. 25. 26. 32. 33.

creazione: è forza «cieca e ignara»; è una perfezione non una provvidenza. Lao Tsŭ definisce l'essenza primordiale «wu ming» «*senza nome*» e «hsüan» «*il mistero*» o, più breve, «tao». Ricordiamoci però che il «tao» è, stando all'I Ching, il nome di una *operazione*, cioè quella delle due proprietà contrarie e immanenti, l'Yin-Yang. Se il «*principio*» s'invola alla nostra ragione, assorto com'è in un'aura d'impercettibilità, nel clima dell'assoluto, l'effetto della sua virtù, cioè di questo alternarsi costante di ombra e di luce, di moto e di riposo, di acme attinto e di ritorno alla base, di giorno e di notte, di sorgere e di perire, di floridezza e di squallore, d'estate e d'inverno, lo vediamo fuori di noi e in noi stessi ogni momento, ripercuotersi con necessità assoluta nelle più riposte latèbre del Cosmo, tanto da doverlo riconoscere come il vero volto della vita universale. La virtù del Principio «Tê» si potrebbe intendere e definire: la modalità di cui il Principio stesso ha bisogno per esteriorizzarsi. Questo lavorio cosmico e culminante nel Tao ha un altro carattere importante: quello della inesauribilità come contenente e della inesauribilità come contenuto, come deve essere un principio che presenta una continua emissione ed un continuo ritorno. Per rendere plastica questa verità Lao Tsŭ si serve di una immagine assai espressiva: figura che il «*principio*» sia una specie di mantice, di cui l'asse superiore rappresenti il cielo (Yang) e l'inferiore la terra (Yin) e che lo spazio elastico che fra queste intercede (Ch'i) sia il vero teatro della genesi universale, cioè dell'azione del «principio» che, come il mantice è inesausto di soffio, così esso pure è inesausto di vita a tutte le creature[95]. Ogni creatura porta in sè, come di sopra s'è accennato, l'impronta di questa vicenda alterna. Anche in essa si osserverà dunque lo stesso ritmo ora di moto ora di quiete; ora di ottusità ora di lucido intervallo; ora di gioventù ora di vecchiezza; ora di vita ora di morte: e così in ogni altra emanazione, sia uomo, sia pianta. Tutto si riduce a questo sublime viavai, spola alterna che ritesse infaticabile tutta la trama del Cosmo.

Se dal concetto dell'unità del Tao si ridiscende al fenomeno della realtà presente fino ad irretirsi nella selva delle sue esteriorizzazioni tangibili si vede, con sgomento, un complesso di aspetti che a prima vista si accavallano erti, illogici, aspri d'antitesi e di contrasti e l'occhio nostro resta avvinto e vinto da questa formicolante pluralità d'aspetti, di atti, di processi come da altrettante rote e rotelle di un meccanismo complicato dalla cui calca abbagliante mal ci riesce di risalire al

---

[95]   Cfr. Tao Tê Ching, Cap. 5.

«*primum mobile*» che le mette in azione: ma se consapevoli abbiamo un occhio al Principio non indugeremo a riconoscere in questa pluralità ingombrante l'impronta di una sola ipostasi. Per quello che riguarda ogni singola diramazione del Tao si può dire che mai non si smentisce: nascita, sviluppo, morte; cioè emanazione dal Principio, acme di espansione, ritorno al Principio. Estendendo questa legge ci si incontra con la teoria di Kant e di La Place sulla formazione dei mondi, da una parte e dall'altra col monismo di Haeckel. Lo stesso dualismo Yin-Yang che abbiamo visto ripercuotersi con alterna vicenda in tutti gli aspetti del Cosmo, si ritrova pure nell'uomo sotto forma di anima duplice «p'o» «*anima vegetativa*» (Yin) e «hun» «*anima spirituale*» (Yang). Siamo come si vede davanti ad un materialismo monistico ed evolutivo che non ammette speranze di vita nell'al di là. Il Cosmo è eterno entro i termini della sua essenza assoluta ma non è altrettanto eterno tutto ciò che in questo perpetuo flutto di forme ha individualità: questa anzi come tale è continuamente sommersa nel continuo divenire. Nessuna immortalità personale in fondo a questo meccanismo fatale, esatto, spietato. Lao Tsŭ definisce il «Tao» «*disumano*». Il Tao non è una Divinità che ci protegga perchè ci ha creato; non ama, a simiglianza delle altre Deità dei diversi Olimpi, d'intromettersi, magari per passatempo, nelle faccende umane: la sua creazione è perfetta ma inconscia. Tutto il Cosmo è per Lao Tsŭ una forza che basta a se stessa, un'unità assoluta che «*sola in sè side*». Vedremo sùbito a quali conclusioni pratiche Lao Tsŭ arriva attraverso questa sua concezione monistica dell'universo, tanto nel campo etico come in quello politico, tanto nell'ambito della perfezione individuale come in quello dell'azione governativa.

ETICA: IL NON-FARE[96]

Ciò posto, che cosa deve fare l'uomo che è arrivato a intuire sotto la guida di Lao Tsŭ l'unità suprema in tutto il brulichio d'antitesi, di aspetti, di contradizioni onde formicola il Cosmo e in cui s'irretisce impotente il nostro spirito? Non certo una cosa difficile: uniformarsi

---

[96]   Cfr. Lao Tsŭ, Cap. 10. 17. 29. 37. 43. 48. 57. 63. 64. 73. Chuang Tsŭ, Lib. 7. 11. 12. 13. 24. 25. Cfr. nel *Marzocco*, n.° 28, 13 luglio 1924: A. Castellani «Il Non-fare di Lao Tsŭ».

alla legge del «Tao»; aderire stretto e supino alle regole della natura vivente. Uno dei lati caratteristici della Filosofia di Lao Tsŭ consiste appunto nella sua compattezza ideale. Ammessa la sua teoria cosmologica, la sua etica ne scaturisce di per se stessa.

Tutto il mondo si divide per Lao Tsŭ in due tipi d'uomo: il volgare e l'iniziato. L'iniziato, cioè colui che ha compreso le leggi immutabili del Tao e la necessità di aderirvi in tutto per essere felice, diviene il Saggio che abbraccia con uno sguardo globale tutta la compagine dell'universo cui si deve obbedire e vive da sovrano illuminato in questa sua veggenza ed obbedienza: il profano il quale non avendo di per sè penetrato il Principio, e affidandosi tutto al suo arbitrio, disdegnando questa specie di connubio sublime tra le sue forze e quelle del Cosmo, è condannato per tutta la sua vita, a marciare fuori del binario, ad essere sballottato dalla continua rissa delle antitesi, attrito da questa profonda dissonanza tra sè e la Natura. Il modello da raggiungersi per il Taoista è il Saggio che non si intromette mai nelle delicate operazioni del Cosmo. Questa profonda intelligenza del suo stato in terra; la coscienza di essere egli stesso nella sua personalità finita una diramazione vivente del Tao; il senso esatto della sua posizione planetaria; il culmine spirituale ch'egli ha raggiunto ormai per forza di disciplina e per lume d'intuizione, bastano a renderlo felice su molti in questa piccola vigilia dei sensi. Il nucleo di questa etica si riassume nella famosa ingiunzione del Non-fare. Lao Tsŭ pensa: l'uomo, che di continuo «è fatto», non deve «fare»; nell'economia dell'universo, così perfetto, non c'è posto per altre azioni; ciò che l'uomo chiama dolore, è volontà d'azione; l'azione vulnera la delicata macchina dell'evoluzione naturale e questa, vulnerata, si ripercuote sul vulneratore, come pietra lanciata in alto che ritorna a chi la scaglia; come pugno di polvere contro il vento che ribatte in pioggia d'aghi sul viso dello scagliatore. Par che qui sia una lontana origine di pensiero rousseauiano. Lo stato vero dell'uomo è quello naturale; chi si distacca dalla natura si perde. La società è il pregiudizio supremo degli uomini che si accalcano nelle angustie di un borgo per scambievole ausilio che si risolve in guerra. L'uomo cittadino ha perso le sue virtù genuine e bisogna che crei di suo le convenienze, risibile surrogato delle prime. Per Confucio l'uomo è bene che sia «cive»; per Lao Tsŭ è bene che sia un «risvegliato». Di qui la necessità nel Taoista di svolgere in sè certe attitudini che per noi moderni sembrano negative o per lo meno, sature di sfrontato egoismo: si può, anzi, dire che l'uomo moderno forma addirittura il rovescio della medaglia del Saggio taoista: eppure, se ben si riguarda, scaturiscono da questa pratica, virtù egregie. Prima di tutto: sovrana altezza di sguardo e infinità di panorama mentale; allentamento, fino all'estinzione di ogni attività spicciola; ritraimento dalla scienza di dettaglio, che non costruisce e confonde, in grembo alla vera scienza globale che fonda ed illumina. Il Taoista acquista virtù preziose ammortizzando in sè le molle volitive che costituiscono il fulcro più redditizio della convivenza sociale: per es. diviene assoluto despota di se stesso: nulla ha più presa su di lui, nè l'oltraggio nè la lode; s'è fatto imprendibile; in pacifica concentrazione imita l'elemento; è il frutto delle altezze che nessuno arriva più a spremere. La società di Lao Tsŭ è quella dell'innocenza universale, piena di liberi impulsi e rigogliosa di sacri istinti: egli rigetta la cultura che mette il soqquadro nelle anime invece di ristabilirvi l'armonia primordiale. La sua società dovrebbe essere in microcosmo quello che in macrocosmo è il Tao con la sua virtù: su questa falsariga bisogna riaddurla verso una specie di evoluzione inconscia. L'uomo sociale di Lao Tsŭ non deve voler fare ma lasciar fare in sè la Natura per non incorrere in errori, che sono i germi della sua infelicità: l'uomo porta in sè le sue opere come l'albero i suoi frutti nascosti: non c'è bisogno d'arbitrio, di passione febbrile, di logorazioni artificiali perchè questi giungano a maturazione; chi s'intromette guasta: sarebbe come voler stiracchiare le foglie di una pianta per accelerarne lo sviluppo.

Il Saggio taoista col suo pacato indifferentismo, col suo lasciar correre consapevole, nella sua veggente inazione, sta più in alto del miope confuciano smanioso di forme, di riti, di tutto l'artificio di cui si serve una società guasta per riparare almeno apparentemente le sue falle più intime.

Nel profano ci sono tutte quelle aberrazioni che provengono da un falso principio, dal servizio ad un idolo falso: il profano si riempie di cose, mentre il Saggio se ne svuota. Lao Tsŭ è stato il primo ad esaltare il supremo contenuto della vuotezza[97], la suprema attività della non-azione. Come ha affermato che dal Nulla è sorto il Tutto[98], così afferma la supremazia del debole sul forte[99], del flessibile sul resistente[100].

---

[97]   Cfr. Lao Tsŭ, Cap. 16.
[98]   Cfr. ibid., Cap. 11.
[99]   Cfr. ibid., Cap. 52. 76.
[100]   Cfr. ibid., Cap. 78.

La vuotezza interiore è la libertà assoluta dalle passioni, lo sgombro completo d'ogni ingombro accessorio.

Il Tao è inattivo[101] nella sua onnipotenza: per questo il *Saggio* raggiunge in tale stato di vacuità interiore la sua perfezione; «compie senza agire»[102], non si muove ed impara[103]; così non c'è nulla che il Saggio con la sua inattività non possa raggiungere[104].

Un esempio di questa flessibilità supina Lao Tsŭ ce l'offre con l'immagine dell'acqua[105]: bisogna che il Saggio la prenda a modello. Prima di tutto essa cerca per sua natura le parti più basse, dando così all'uomo un primo esempio d'umiltà. L'acqua più bassa è quella più grande, chè a lei, sia fiumana, sia oceano, scende il tributo di tutte le altre acque più alte[106]. Poi essa serve a tutto senza rifiutarsi a nessuno; è quindi in piccolo l'imagine del Tao stesso: prende la forma di tutti i vasi che la contengono. Il Saggio, secondo Lao Tsŭ deve fare come l'acqua.

Il «*non-fare*» laotseiano va compreso nel suo vero senso e non scambiato con il «*dolce-far-niente*». Qui si tratta di un'adesione consapevole alle leggi del Principio le quali non escludono in noi opera di parallelismo superiore. Questo indifferentismo, questo lasciar correre non sono incosciente apatia ma illuminata visione di come si svolge e procede l'universo in cui l'uomo deve, per essere felice, ingranare con precisione assoluta. Quindi l'intromissione personale è il massimo sbaglio in cosa da cui nulla si può togliere e a cui nulla si può aggiungere.

L'imperativo categorico del Non-fare taoista si riallaccia così ad una particolare concezione cosmica anzi è di questa la deduzione più logica e immediata.

POLITICA:
ASSENZIONISMO TRASCENDENTALE

Lo Stato è per Lao Tsŭ, nella sua compagine integrale, una tra le più visibili ripercussioni del Tao; un microcosmo nel macrocosmo;

---

[101]   Cfr. ibid., Cap. 63.
[102]   Cfr. ibid., Cap. 47.
[103]   Cfr. Lao Tsŭ, Cap. 47.
[104]   Cfr. ibid., Cap. 48.
[105]   Cfr. ibid., Cap. 8.
[106]   Cfr. ibid., Cap. 66.

qualcosa che dietro la guida della norma celeste sorge «*causa sui*» si svolge e prospera in perfetta analogia di leggi col Principio stesso. Seguendo questo concetto, cioè che lo Stato è una specie di creazione divina in terra, Lao Tsŭ lo chiama addirittura: «*Shên Ch'i*» lett. «*vas spirituale*». L'impronta del Tao, nello Stato, è così visibile che molti esegeti han parlato di un Tao celeste e di un Tao umano; non perchè questa distinzione sia essenzialmente inerente al Principio, ma per servirsi anche qui della distinzione come ausilio all'intelligenza di questo. Tutto ciò che è già nel Saggio sarà pure e in maggior dose nel taoista chiamato al governo. I seguaci di Lao Tsŭ come Lieh Tsŭ e ancor più Chuang Tsŭ nel quale l'ideale taoista è così spinto da traboccare a volte nel più violento individualismo, han descritto la riluttanza superiore del Saggio ad occuparsi del Governo: in essi l'attaccamento al Principio raggiunge forme mistiche in modo che ciò che non sia esclusiva unione al Tao non appare loro degno di nota. Ma in Lao Tsŭ non è comandato che l'uomo aborra dal governo, bensì che se vi è chiamato, vi applichi la regola del Wu Wei.

Già nell'I Ching[107], abbiamo l'invito al Regnante di aderire al «*sacro tao*» nel cui culto ei trova la facoltà ch'ogni cosa nel mondo gli obbedisca. Parrebbe, dunque, il Tao, essere qualcosa di comune tanto per Confucio che per Lao Tsŭ, se non si pensasse che Lao Tsŭ vede nel Tao qualcosa di più alto, di più naturalistico, di più moderno che non nel Tao dei libri canonici. L'uomo perfetto, lo Shêng Jên chiamato al governo trova nel Tao la guida più infallibile all'opera sua. Tutto il suo studio si riduce in pratica a seguire più dappresso che gli sia possibile questi «*secreta monita*» della regola celeste. Se egli l'ha compresa e si tiene unito a questa, le virtù che sono nel Tao rifioriranno in lui: per es. contemplata la costanza del Tao che è sempre lo stesso, sarà costante[108]: vista l'imparzialità con cui il Tao si distribuisce a tutte le cose, farà anche lui lo stesso[109]; ammirato il suo disinteresse, sarà disinteressato[110]. La santità del Saggio, frutto di questa mistica unione arriva a tanto che egli è il 3° dopo il Cielo e la Terra. Chiamare il così concepito Shêng

---

[107]   Cfr. I Ching, App., Tuan 1. «*i shên Tao shih chiao*».

[108]   Cfr. Ibid. «*chün tsŭ i tsŭ ch'iang pu hsi*» Tuan, 1.

[109]   Cfr. oltre a Lao Tsŭ, Kuan Tsŭ, Lib. XX, Cap. 64: «*t'ien kung p'ing* WU ssŭ».

[110]   Cfr. ibid., Lib. XIII, Cap. 37: «*sheng jên jo t'ien jan,* wu su *fu ye*»; Lib. X, Cap. 30: «*erl pu* i ssŭ *fang chê ye*»; Lib. XX, Cap. 64: «*hsing* SSÚ WEI, *tsê tsù mu hsiang yüan*».

Jên intermediario tra Cielo e Terra è poco, egli è piuttosto una organica continuità di quella trascendenza immanente che è il Tao. Il saggio governante si attiene al Tao e facilita così l'andamento del governo[111]: è semplice[112], umile, è ripieno di una calma celeste[113]; esercita soprattutto il Non-fare[114]; non vuole accrescersi[115]; lo Stato di Lao Tsŭ è inattivo[116]; egli non vuole istruire il popolo[117] e in fondo al suo libro traccia l'ideale del suo Stato perfetto[118].

Il carattere di questa politica parrebbe a prima vista una specie di opportunismo gelido se non fosse invece un alto consentimento trascendentale ad una legge eterna.

L'esercizio del Non-fare da parte del Regnante taoista implica una molteplicità di forme di *inazione* che abbraccia tutto il campo della coscienza umana: quindi tutto ciò che caratterizza il progresso di un popolo come cultura, libertà di pensiero, speculazione individuale, è negato come d'altra parte è negato nei funzionari l'anfanamento personale, l'intromissione direttiva negli affari. Questo abolire l'impulso umano e fare come una *tabula rasa* della coscienza dell'uomo, parrebbe a prima vista barbaro, ma non è così, chè dal punto di vista di Lao Tsŭ, ciò che noi chiameremmo barbaro, è lo stato perfetto, l'età dell'oro dell'Umanità. L'ideale di ricondurre lo Stato alle sue fondamenta naturali, spogliandolo di tutti gli ammennicoli di che l'han gravato tanti secoli di artificiosità malsana e di civiltà corrotta, di riaddurlo alle fresche scaturigini primordiali, è grande per quanto sembri praticamente inattuabile.

L'uomo di Stato taoista, nella pratica della sua dottrina è prima di tutto un distaccato; un assetato di maggiori spaziosità panoramiche; sente il bisogno di starsene fuori delle cose per meglio comprenderle. Il Taoista arriva all'idea dello Stato, cioè allo Stato ricostruito sulla falsariga del Tao, attraverso un profondo addottrinamento intorno alle leggi della vita e della morte, per una mistica comprensione del Cosmo, con l'indagine sempre più vigile intorno ai più ardui problemi che nella

---

[111] Cfr. Lao Tsŭ, Cap. 37.
[112] Cfr. ibid., Cap. 42. 39.
[113] Cfr. ibid., Cap. 60. 61. 68.
[114] Cfr. ibid., Cap. 57 ved. III not. 7.
[115] Cfr. ibid., Cap. 48. 57.
[116] Cfr. ibid., Cap. 10.
[117] Cfr. ibid., Cap. 65.
[118] Cfr. ibid., Cap. 80.

loro complessità ci occultano il mistero del Cosmo e il destino dell'uomo. Tutta questa ginnastica mentale che il Taoista, prima di essere uomo di Stato compie, gli conferisce una superiorità indiscutibile sopra il confuciano piatto e artificiale, tutto in balia di un gramo e vedovato empirismo. Egli ha, fino dai primi passi nella sua disciplina, già deposto l'ingombrante vestaglia del suo «io»; si è già spersonalizzato; si è liberato cioè del maggiore ostacolo che s'intrometteva tra il suo spirito e la conoscenza del Cosmo. Non si tratta qui di mettere in pratica il vecchio adagio che prima di governare gli altri bisogna sapere governare se stessi ma di qualcosa di più peregrino, della conquista lenta dogliosa ascetica di un punto di vista superiore, il quale trasforma nella coscienza di chi vi è saputo giungere, la faccia del mondo e il significato delle cose.

Anzi se si vuole l'idea del governo è di per se stessa lontana dal Taoista il quale aspira più a comprendere che a imprendere: difatti per la sua concentrazione uniforme, per il suo disinteresse palese, per il suo aderire al Tao che gli suggerisce della vita una visione affatto diversa dalla comune, per la sua fede nel Non-fare come la più cosciente obbedienza alla Norma celeste, egli è quasi sempre nel mondo un solitario disamato e creduto, perchè non compreso, di non comprendere il governo degli uomini, e invece egli è senza paragone più adatto a questo del faccendiere soggettivo e interessato che vi vede unicamente il suo vantaggio. Prima di tutto egli ha già a suo attivo il privilegio di una coscienza perfetta, acquistata per lampo d'intuizione e per dura vigilia, purificata nella dedizione al Vero intravisto e santificata dalla rinuncia al proprio «io»; in secondo luogo egli porta, se forzato, nel governo degli uomini, il fardello della sua esperienza integrale: non febbrilità di fatti i quali come si è visto si fanno oltre i senni umani, ma l'alta coscienza che per bene governare gli uomini bisogna procedere con lo stesso metodo con cui la Natura governa le cose create. Il segreto di questo procedimento ei l'ha desunto dalla sua intensa contemplazione della vita universale che ormai abbraccia con sguardo globale da vetta altissima; egli si sente inserto nel centro dell'unità, immoto entro l'alone dell'assoluto, troneggiante sull'eterno divenire. L'inesperienza nel maneggio delle cose del mondo, la complessità dell'ingranaggio statale non lo sgomenta perchè egli sa che nel più ci sta il meno. Egli sa che governare gli uomini è, nel senso stretto della parola, impossibile, trovandoci noi tutti ad essere nella compagine cosmica non dei guidatori autonomi ma degli inconsci guidati e che il

Non-fare è l'unico segreto, l'unica difficile scienza, l'unica salvezza. Avremo così nell'uomo di governo taoista un Immobile, un acquiescente, un olimpico; avremo un minuscolo punto umano, un centro appena percettibile dove però il connubio naturale tra la Legge del Tao e il Destino dell'uomo pienamente si compie; un «*trait d'union*» che nella sua esiguità ricollega l'opra dell'uomo alla voglia del cielo e solo per questa via il governante taoista può dare la felicità al mondo che va da sè e meglio va quanto meno si spinge.

Riassumendo i tre punti principali della dottrina di Lao Tsŭ li vediamo sboccare logicamente tutti e tre in seno di un monismo naturalistico, a noi già noto anche in Occidente.

San Giusto (Empoli), luglio 1924-febbraio 1926.

LAO TZU

TAO TE CHING

LA REGOLA CELESTE
O DAODEJING

traduzione e note
a cura di Alberto Castellani

PARTE PRIMA

1.
IL PRINCIPIO

1	il tao che può essere detto tao
2	non è l'eterno tao
3	il nome che può essere nomato
4	non è l'eterno nome
5	senza nome è l'inizio del cielo e della terra
6	e col nome è la madre d'ogni cosa
7	*perciò colui che sempre è senza voglie*
8	*ne contempla le sue perfezioni*
9	*ma colui che sempre ha desideri*
10	*ne contempla per questo i suoi confini*
11	ora queste due cose
12	son nate insieme ed han diverso nome
13	insieme esse si chiamano il mistero
14	mistero più profondo del mistero
15	e son la porta d'ogni meraviglia

1.   t'i tao.

Lett.: «*esporre il tao*». Lao Tsŭ traccia qui con poche parole la sua concezione del «Principio»: una forza increata ed eterna era fin da prima: nulla di antropomorfico si deve scorgere in questo concetto ma una forza elementare, cieca, inconscia, perfetta. Siamo al di là del Nominabile dov'è l'Eterno, mentre al di qua del Nominato c'è il mondo della relatività. A questa prima rotta e concisa definizione del Principio, Lao Tsŭ tornerà altre volte nel corso del suo libro, quasi intuisse la necessità di sempre più chiarire, ampliare ed approfondire la sua concezione e renderla così più accessibile in tutte le sue parti ai profani. La descrizione del tao elude appunto, per la sua comprensione, qualsiasi tentativo di racchiuderla in una corona di poche parole: anche la parola cinese tao è un monosillabo che comprende nel significato tutto l'Universo con tutte le sue forme e con i suoi attributi.

2.
AUTOCULTURA

1	nel mondo tutti sanno che il leggiadro è leggiadro
2	e perciò sanno il brutto
3	tutti sanno che il bene è bene
4	e perciò sanno il male
5	*indi l'essere e il non essere si generan l'un l'altro*
6	*il difficile ed il facile si completano a vicenda*
7	*lungo e corto si foggiano a vicenda*
8	*alto e basso s'invertono a vicenda*
9	*sòno e tono s'accordano a vicenda*
10	*prima e dopo si seguono a vicenda*
11	per questo l'uomo saggio
12	permane nel mestier del non-agire
13	ed esercita un muto insegnamento
14	al nascer delle cose non s'oppone
15	nè del vivere lor prende possesso
16	del loro agire mai non s'avvantaggia
17	nell'opera fornita non permane
18	*ed appunto perchè non vi permane*
19	*mai non avviene ch'ei ne venga escluso*

2.   yang shên.

Lett.: «*nutrire il corpo*». Dopo avere esposto in brevi tratti nel primo capitolo l'essenza del Principio, cioè la stabilità, l'unità, l'indivisibilità della legge cosmica, Lao Tsŭ ha ora uno sguardo alle sue emanazioni e si sofferma a considerare, nelle sue espressioni tangibili, l'alternarsi delle due modalità «*Yin-Yang*» [Cfr. Introd., pag. e seg.[119]] che con le

---

[119]   I rimandi a pagine del testo sono da riferirsi all'edizione cartacea [nota per l'edizione elettronica Manuzio].

loro fasi diverse dànno vita a tutto il complesso turbinio delle cause e degli effetti. Con ciò, partendo dagli effetti, pone sùbito la base alla concezione monistica del tao che permanendo sempre lo stesso, si traduce in una serie d'aspetti i quali paiono e sono antitetici ma che per il loro ritmo stabile mostrano quella parentela che nella vicenda del loro moto intimamente li stringe. (Cfr. cap. ver. [5-9]). Dato questo legame che permane inalterato nel gioco alterno delle due modalità, per il nostro intelletto, dunque, una volta accettata l'idea del bello, è posta necessariamente anche l'idea del brutto, a cui si sbocca senza fallo per quell'intimo collegamento che nelle due fasi, di continuo sovrapponentisi, è come l'invisibile intromissione dell'unità assoluta del tao. Per il Taoista dunque non esistono antitesi che nella accidentalità della forma, perchè egli pensando al tao, cui tutto ritorna per legge [Cfr. Cap. 16], ha esperimentato in sè quella «*coincidentia oppositorum*» necessaria allo sguardo globale con cui il Taoista perfetto deve guardare l'universo. Lao Tsŭ pone lo stato dell'uomo primitivo, ignaro del bene e del male, alla pari di chi ha raggiunto la massima coscienza taoista.

3.
TENERE IN PACE IL POPOLO

1   non dar la preferenza ai più capaci
2   fa sì che il volgo non fa loro guerra
3   non far stima di cose ardue ad aversi
4   fa sì che il volgo non divenga ladro
5   non veder cosa che si può bramare
6   fa sì che il cuore non ne sia turbato
7   per questo l'uomo saggio se governa
8   ne svuota il cuore e ne riempie il ventre
9   ne affralisce il volere e ne rafforza l'ossa
10   sempre fa sì che il popolo non abbia nè scienza
     nè voglie
11   fa sì che quei che sa non osi agire
12   quando si mette in pratica il non-fare
13   mai non c'è cosa che non si governi
14

3.   an min.

Lett.: «*pacificare il popolo*». Lao Tsŭ ha nel primo capitolo stabilito l'unità del tao; nel secondo ci ha presentato il mondo reale irto d'antitesi, conseguenza della rotazione cosmica costante *yin-yang*, che finiscono col conciliarsi in grembo della grande unità (tao): ora nel terzo ci offre un esempio del come deve procedere il saggio governante per ben condurre gli uomini attraverso questa folta contradizione del cosmo. Il concatenamento logico di queste tre tappe salta agli occhi. Come si è visto sopra; colui che non ha, vede la cosa e la vorrebbe avere; chi è in alto, vede il basso e vi vorrebbe discendere; così il concetto del basso nasce da quello dell'alto, il concetto dell'avere da quello del non avere. Il saggio governante deve aver cura che i suoi sudditi vivano al di là dell'effetto di queste antitesi perturbatrici; egli deve essere sempre inteso a distruggere agli occhi del popolo i termini del contrasto, smussare gli angoli delle apparenze le cui espressioni contraddittorie movono il suo animo e lo conducono alla indisciplina e alla ribellione. Considerato da questo punto di vista il 3° Cap. è una regola per tener calmo il popolo.

4.
IL SENZA-ORIGINE

1   il tao è voto e nell'azione inesausto
2   non si riempie se l'adopri
3   com'è profondo
4   sembra l'avo di tutte le cose
5   *smussa le proprie asprezze*
6   *risolve i suoi grovigli*
7   *modera il suo splendore*
8   *s'adegua alla sua polvere*
9   com'è fondo, eppur sembra onnipresente
10   non so di chi sia figlio
11   sembra anteriore a Dio

4.   wu yüan.

Lett.: «*senza origine*». È lo sviluppo di un motivo già contenuto in germe nel Cap. 1, cap. ver. [1-6]. Il tao è come una cosa increata immensa e inesauribile [Cfr. Cap. 25], da cui tutto emana senza svuotarlo ed a cui tutto ritorna senza riempirlo.

5.
L'USO DEL VÒTO

1 cielo e terra non hanno umanità
2 trattan le cose tutte come cani di paglia
3 l'uomo saggio non ha umanità
4 tratta il popolo come un can di paglia
5 lo spazio tra il cielo e la terra
6 è simigliante a mantice
7 si svuota ed è inesausto
8 più si muove e più n'esce
9 *troppo il verbo e la cifra son vani*
10 *è meglio tenersi nel mezzo*

5. hsü yung.

Lett.: «*l'esercizio della vacuità*». Questo Cap. che non fa che dedurre una conseguenza del concetto naturalistico del cosmo che Lao Tsŭ ha già più sopra esposto, ha gettato lo spavento in alcuni timorati interpreti occidentali i quali, non riescono a concepire, bontà loro, che possa esistere una forza che al tempo stesso non sia una provvidenza: perciò si sono lasciati sviare dalla vera interpretazione quasi ossessionati dal contenuto satanico dei primi quattro cap. ver. Per l'immagine e il significato del mantice vedi Introd., pag. .

6.
IL COMPIERSI DEGLI ASPETTI

1   l'anima del vòto non more
2   essa è la misteriosa madre
3   la porta della misterïosa madre
4   è radice del cielo e della terra
5   continua e immutabile
6   nell'opera sua non ha pena

6.   ch'êng hsiang.

Lett.: «*compiere la figura*». Questo capitolo si riallaccia nel senso a ciò che precede: i primi 4 cap. ver. si riferiscono all'azione del tao gli ultimi due al tao stesso. Il vuoto, la parte inafferrabile è secondo Lao Tsŭ lo spirito che non more, oltre a essere la parte praticamente efficace. Come la valle il cui spirito è la sua concavità e non i colli circostanti che la formano, così lo spazio medio tra cielo e terra è il teatro della genesi universale.

7.
VELARE I PROPRI MERITI

1 il cielo dura eterno la terra eterna dura
2 che il cielo duri sempre che la terra permanga
3 la causa è che non per se stessi essi vivono
4 per questo sono eterni e duraturi
5 per questo l'uomo saggio
6 pospone se stesso onde se stesso avanza
7 esclude se stesso onde se stesso conserva
8 non è perch'ei non cerca il suo vantaggio
9 e perciò può compiere il suo vantaggio

7.   **t'ao kuang.**

Lett.: «*nascondere lo splendore*». L'esercizio dell'egoismo è secondo Lao Tsŭ una specie di autodiminuzione: la natura è eterna perchè non si è fatta da sè: l'egoismo tra le forme d'azione umana, è l'azione non solo più cieca ma ancora più perniciosa. Ciò che è in noi, è caduco e l'eterno è solo al di là della nostra persona. Questa proibizione dell'egoismo è uno dei punti essenziali dell'etica di Lao Tsŭ [Cfr. Introd., pag.] che va intesa come una logica deduzione del comandamento del Non-fare, in senso religioso. Cfr. Matteo, XXIII, 12; X, 39.

8.
LA FACILE NATURA

1   la suprema bontà è come l'acqua
2   l'acqua ogni cosa giova senza contrasto
3   dimora nei luoghi che l'uomo più oborre
4   perciò chi sta prossimo al tao
5   dimorando trova ottimo il luogo
6   pensando trova ch'è bene di essere come l'abisso
7   donando trova ch'è bene d'essere umano
8   parlando trova ch'è bene di esser verace
9   governando trova ch'è bene il governo ordinato
10   oprando trova ch'è bene averne l'ingegno
11   movendosi trova ch'è bene che il tempo sia quello
12   ora solo perchè non contende
13   per ciò non ha biasimo alcuno

8.   **i hsing.**

Lett.: «*facile natura*». Dopo avere vantato il disinteresse del cielo e della terra, solo ora Lao Tsŭ propone al Saggio, nell'acqua, un modello di quella imparzialità supina che costituisce la bontà superiore.

9.
STARSENE CALMI

1 tenere in mano qualcosa eppoi ricolmarla
2 è meglio rinunciarvi
3 trattare qualcosa eppoi tenerla affilata
4 a lungo non può conservarsi
5 una sala piena d'oro e di gemme
6 nessuno la può conservare
7 chi ricco e potente inoltre divenga superbo
8 da se stesso s'apporta rovina
9 ad opra fornita, a nome compiuto, ritrarsi
10 è la norma del cielo

9.   yün i.

Lett.: *«promovere tranquillità»*. Il proposto egoistico apporta struggimento d'animo perchè ti fa imprendere cose o di difficile o qualche volta addirittura d'impossibile attuazione. La rinuncia a una cosa impossibile, val più che il caparbio accanimento a volerla ad ogni modo conseguire: come chi volesse tenere in mano un bicchiere colmo fino all'orlo e non versarlo, o affilata una lama che si deve continuamente adoperare e non smussarla: perchè cosa colma e mano d'uomo che la regga; lama affilata e non continuo logorio sono due contraddizioni di fatto. Volere ogni cosa al suo posto come è stato prescritto dalla natura è l'unico mezzo per conservare la pace ma ciò di necessità inferisce mortificazione d'impulsi individuali.

10.
QUEL CHE POSSIAMO FARE

1   fare che il corpo e lo spirto s'abbraccino in un solo complesso

2   e non possano separarsi

3   far che il respiro ti renda sì tenero e fresco

4   da poter somigliare un infante

5   mondato scarta da te le troppo profonde visioni

6   che possa non averne logorìo

7   avendo cara la gente, governando lo stato

8   possa tu praticare il non-fare

9   nel disserrarsi e nel chiudersi della porta del cielo

10   possa tu essere femmina

11   comprendendo ogni cosa

12   possa esser tu come se non sapessi

13   nel produrre e nell'allevare

14   produrre e non possedere

15   produrre e non conservare

16   accrescere e non padroneggiare

17   è questa la virtù trascendentale

10.   nêng wei.

Lett.: «*poter fare*». Questo capitolo è la passione degli interpreti: i migliori hanno dovuto errare non per loro colpa ma perchè il Taoismo non era allora conosciuto integralmente come è oggi. Primo accenno all'endogenesi dell'anima eterea per mezzo della respirazione [Cfr. Introd., pag.]. Il resto del capitolo predica il non intervento sotto diverse forme, mentre il suo principio insegna a come mettersi all'unisono col cosmo.

11.
L'UTILITÀ DEL NULLA

1   trenta razzi s'incontrano in un mozzo
2   e in quel che è il suo vuoto sta l'uso del carro
3   si tratta l'argilla e se ne foggia un vaso
4   e in quel che è il suo vuoto sta l'uso del vaso
5   si forano porte e finestre per fare una casa
6   e in quel che è il lor vuoto sta l'uso della casa
7   perciò dall'essere viene il possesso
8   dal non essere vien utilità

11.   wu yung.

Lett.: «*l'uso del nulla*». Il senso allusivo di tutte queste immagini che sembrano un paradosso è per indicare che nell'uomo ha maggiore importanza ciò che è insensibile e invisibile: l'utilità sua sta in ciò che per occhi superficiali parrebbe la sua lacuna: come nel carro il vuoto del centro, come nel vaso la sua vacuità così nell'uomo saggio i concetti negativi della non-azione costituiscono tutta la sua utilità. Lao Tsŭ fa scaturire una azione positiva da una apparenza negativa. Cfr. Cap. 6 il concetto di «*ku shên*».

12.
LA REPRESSIONE DELLE VOGLIE

1   *i cinque colori fan sì che l'occhio dell'uomo s'accechi*

2   *i cinque soni fan sì che l'orecchio dell'uomo s'assordi*

3   *i cinque sapori fan sì che la bocca dell'uomo s'ottunda*

4   *la corsa e la caccia fan sì che il cuore dell'uomo s'imbesti*

5   *le cose rare ad aversi fan sì che l'uomo s'adopri con sforzi nocivi*

6   *per questo l'uomo saggio*

7   *è per il ventre ma non è per l'occhio*

8   per quello esclude quello e prende questo

12.   **chien yü.**

Lett.: «*reprimere desiderio*». Si riallaccia nel senso al cap. precedente. Lao Tsŭ predica qui l'astensione completa da esercizi spirituali e corporali che non possono altro che esercitare usure sconvenevoli sulle due anime «*p'o*» e «*hun*» e quindi sull'economia dell'organismo. [Cfr. Introd., pag.]. Reprimere le voglie si può anche distruggendo in anticipo le loro cause.

13.
SCHIFAR LA VERGOGNA

1   *la grazia e la disgrazia son simili al timore*
2   *la grandezza un gran dolore simile alla persona*
3   che vuol dir «grazia e disgrazia son simili al timore»
4   la grazia è cosa bassa
5   ottenerla è come temerne
6   perderla è come temerne
7   ciò è «grazia e disgrazia son simili al timore»
8   che vuol dir: «grandezza è un gran dolore simile alla persona»
9   ciò per cui ho dolore
10 è perchè io posseggo una persona
11 se non avessi persona
12 come avrei io dolore
13 quindi a colui che in grandezza considera eguale a se stesso l'impero
14 si può confidare l'impero
15 a colui che in amore considera eguale a se stesso l'impero
16 si può affidare l'impero

13. yên ch'ih.

Lett.: «*schifare vergogna*». Lao Tsǔ ammonisce qui di astenersi da ciò che ammalia più l'uomo invaghito della carriera. Prospetta con la citazione iniziale una verità che anche agli stessi ambiziosi dovrebbe esser nota. Cioè che il favore e la grandezza sono come due spauracchi per chi li vede con occhi mondi dalla caligine del desiderio, e fonti sicure di dolore come la persona nostra, la nostra personalità la quale costituisce la prima ragione di ogni nostra sofferenza. Di questo capitolo si hanno diverse lezioni.

14.
LA LAUDE DEL MISTERO

1   si guarda e non si vede si chiama l'invisibile
2   s'ascolta e non s'intende si chiama l'inaudibile
3   si tocca e non si sente si chiama l'impalpabile
4   queste tre cose non si possono scrutare
5   perciò confuse insieme fanno una cosa sola
6   in alto non è chiaro
7   in basso non è scuro
8   è inesausto nè può esser nomato
9   risale alla inessenza delle cose
10 ei si chiama la forma senza forma
11 e la figura che non ha figura
12 esso è l'inafferrabile e il mistero
13 se l'affronti non vedi la sua faccia
14 se lo segui non vedi il suo didietro
15 quei che s'attiene all'uso degli antichi
16 ei governa l'odierna esistenza
17 può sapere l'origini antiche
18 questo è lo stame eterno del principio

14.   tsan hsüan.

Lett.: «*lodare* (il) *misterioso*». Questo Cap. si riallaccia, nella definizione del tao al Cap. 1. Fino a questo punto Lao Tsŭ aveva seguìto un ulteriore svolgimento del suo concetto i cui germi eran già contenuti nelle prime parole del suo libro: ora, qui, lo svolgersi delle sue idee subisce un brusco arresto; si ritorna da capo, si ripiglia con più insistenza, si svolge con maggiore ampiezza il motivo accennato come in una partitura musicale. Il tao è una forza che si allontana in tutto dal nostro concetto della forza: anzi in certo modo sembra la negazione della nostra forza ed ha i caratteri opposti a ciò che noi consideriamo comunemente, l'indizio esterno anzi la sorgente di questa.

15.
LA RIVELAZIONE DELLA VIRTÙ

1	coloro che in antico eran maestri boni
2	eran sottili astratti profondi e pieni d'acume
3	tanto profondi da non potere esser saputi
4	ora solo perchè non potevano essere intesi
5	per questo mi sforzo di dare per essi un aspetto
6	esitanti erano, ahimè,
7	come colui che d'inverno attraversi un fiume
8	cauti erano, ahimè,
9	come colui che tema d'ogni parte i vicini
10	riserbati erano, ahimè,
11	come colui che t'è ospite in casa
12	indifferenti erano ahimè,
13	come il ghiaccio che sia per disciorsi
14	semplici erano, ahimè,
15	come il legname grezzo
16	vacui erano, ahimè,
17	come le valli
18	oscuri erano, ahimè,
19	come l'acqua intorbata
20	chi può il torbo con pace purificandolo lentamente schiarire
21	chi può la pace con a lungo eccitarla lentamente generare
22	chi abbraccia questa regola
23	non desidera d'essere rempiuto
24	e perciò non è rempiuto
25	perciò può esser piccino
26	nè cose nove produrre

15.   hsien tê.

Lett.: «*rivelare (*la) *virtù*». È una specie di richiamo nostalgico verso la coscienza dei primi esemplari umani: la base di quel continuo ritorno all'antico, all'età dell'oro del popolo cinese, predicato senza tregua dai dottori taoisti. Vi è tracciato anche una specie di scorcio fisionomico interiore in contrasto a quello artefatto dei tempi che già maturavano la rovina della 3ª dinastia. (Cfr. Introd., pag.).

16.
IL RITORNO AL PRINCIPIO

1	quei che raggiunge il massimo del vuoto
2	conserva la fermezza della pace
3	tutte le cose insieme hanno nascenza
4	ed io contemplo il loro ritornare
5	tutte le cose han florido sviluppo
6	ma ognuna d'esse torna alla radice
7	tornare alla sua radice vuol dire riposo
8	riposare vuol dir novo destino
9	novo destino vuol dire durare per sempre
10	saper l'eterno vuol dire essere illuminato
11	non conoscere l'eterno è cecità sventura
12	chi conosce l'eterno ei si sa comportare
13	chi si sa comportare è giusto con tutti
14	chi giusto è con tutti è il sovrano
15	chi è sovrano è simile al cielo
16	chi simile è al cielo è simile al tao
17	chi simile è al tao dura eterno
18	e per tutta la vita è fuor di rischio

16.   kuei kên.

Lett.: «*ritornare* (alla) *radice*». In questo Cap. si celebra la suprema immobilità del Principio. [Cfr. Lao Tsŭ, Cap. 25. 32; Chuang Tsŭ, Lib. 6. L'apostrofe al Principio: «*wu shih hu! wu shih hu!*»]. Solo il tao sussiste uno ed eterno in se stesso: tutte le cose che si sprigionano dalla sua azione alterna [*yin-yang*] sono destinate a percorrere il loro ciclo per dopo ritornare alla loro radice, [*kuei ch'i kên*] come vuole la legge universale: ma se le sue diramazioni si modificano e dopo un periodo di floridezza [«*yün yün*» cap. ver. [5]] ricadono nel nulla, il tao resta intatto sotto forma di regola eterna. Qui Lao Tsŭ accenna indirettamente per la prima volta allo stato di vita e di morte di tutte le creature uscite di grembo al Principio. [Cfr. Lao Tsŭ, Cap. 16; Lieh Tsŭ, Lib. 1. 3. 7; Chuang Tsŭ, Lib. 2. 6. 12. 21. 22. 27.] Anche il saggio taoista quanto più è perfetto, tanto più si avvicina alla divinità del tao e partecipa dei suoi attributi trascendentali, egli deve essere immutabile come il Principio stesso. Per questa acquisibile immobilità cfr. Lao Tsŭ, Cap. 33; Chuang Tsŭ, Lib. 5. 6. 21. 26.

17.
IL PURO COSTUME

1	in antico la gente sapeva che c'era [il regnante]
2	di questo i successori furono amati e lodati
3	di questi i successori furono temuti
4	di questi i successori furono disprezzati
5	se fiducia non è intera si ha la non-fiducia
6	misurate invero erano le loro preziose parole
7	il merito perfetto e l'opera aveva successo
8	e le cento famiglie dicevano
9	«noi stiamo secondo noi stessi»

17.   shun fêng.

Lett.: «*puro costume*». In questo Cap. appare evidente l'utopia del governo *invisibile*: un governo relegato in grembo alla imperscrutabile impercettibilità del tao, che esercitasse la sua influenza in maniera occulta dall'alto, è sempre sembrato al Taoista il governo ideale. Le arti di cui un sovrano si può servire per dirigere a piacimento la massa, devono essere così minute che chi le subisce non se ne accorga nemmeno. Il governo nella sua armonia deve somigliare all'operare del cosmo: c'è qui un richiamo nostalgico verso l'antichità dove queste virtù fiorivano spontanee. Queste doti d'influenza trascendentale il Regnante le deve aver comuni col Saggio. Cfr. Lao Tsŭ, Cap. 19. 37. 45. 48. 57. 63. 64; Lieh Tsŭ, Lib. 4; Chuang Tsŭ, Lib. 12. 24. Per quel che vi si dice dei regnanti antichi cfr. «I Dialoghi di Confucio», Lib. VI, 28; VIII, 18; XIV, 45; XV, 4.

18.
L'AFFRALIMENTO DEI COSTUMI

1   quando il gran tao fu messo in disparte
2   ci fu l'umanità e la giustizia
3   quando apparve accortezza e scaltrezza
4   allor ci fu la grande ipocrisia
5   quando tra i sei congiunti non ci fu più concordia
6   allor ci fu pietà filiale e amore
7   quando il regno piombò nell'anarchia
8   allora venne fuori il buon ministro

18.   su po.

Lett.: «(dei) *costumi* (la) *pochezza*». Lao Tsŭ insiste nel credere che i bei tempi dell'equilibrio universale, durante la prima alba del mondo, siano passati per sempre: nato il gran dissidio tra l'uomo e la sua sorte, la società ormai decaderà senza fallo. I tempi in cui il M. viveva gli davano del resto il diritto di pensare così.[120] La decadenza della società ha sempre avuto per conseguenza il bisogno del rimedio tanto meno efficace quanto più desiderato. Così dal polverìo della disgregazione si generò la nube opprimente della convenzione. Lao Tsŭ si scaglia qui con ironia contro gli appiccicosi empiastri dell'utopismo classico: la «*pietà filiale*» «*la giustizia*» «*l'umanità*» e «*il buon ministro*» sono per esso «*ta wei*» «*la gran menzogna*» il nome invece della cosa, l'inane surrogato di virtù scomparse. E non tanto in quanto che queste non abbiano in sè qualche valore e consistenza di virtù ma in quanto che soprattutto stanno là a ricoprire ciò che manca, abbigliate di specioso inganno. Per queste *false* virtù cfr. Lao Tsŭ, Cap. 19. 38; Chuang Tsŭ, Lib. 8. 9. 10. 31. 32.

---

[120]   Età che fa pensare a quella di cui Livio tocca nella pref. alle Istorie: «*donec ad haec tempora, quibus nec vitia nostra nec remedia pati possumus, proventum est*». Lao Tsŭ poneva fra i «*vitia*» anche le virtù confuciane. [Cfr. Introd., pag. XIV e seg.].

19.
IL RITORNO ALLA SINCERITÀ

1   taglia via la santità gitta via la prudenza
2   e il vantaggio del popolo sarà centuplicato
3   taglia via l'amor degli uomini gitta via la giustizia
4   e il popolo tornerà pietoso ed amoroso
5   taglia via l'abilità gitta via il guadagno
6   e non ci saran più ladri e banditi
7   riguardo a queste tre cose
8   *ritieni che l'aspetto è cosa monca*
9   *perciò fa' che l'uomo abbia a cui s'attenga*
10 *mostra schiettezza attienti al naturale*
11 *abbi pochi interessi e poche voglie*

19.   huan shun.

Lett.: «*ritornare* (alla) *semplicità*». Questo Cap. integra il precedente: là si accennava alla regola morta che usurpa il posto dello spirito vivo; qui si enuncia la norma per liberarsi dall'artificiosità e tornare alla sincerità primitiva. Cfr. Chuang Tsŭ, Lib. 11.

20.
DIVERSO DAL VOLGARE

1   gitta il sapere e non avrai tristezza
2   tra «*wei*» e «*a*» che differenza corre
3   tra «*bene*» e «*mal*» che differenza esiste
4   quello che l'uomo teme non si può non temere
5   o deserto, che ancor non hai tu fine
6   tutti gli uomini son raggianti in viso
7   come al giorno dei grandi sacrifici
8   come quando si sale in primavera una torre
9   io solo sono calmo e senza indizî ancora
10   qual pargolo che ancor non ha sorriso
11   sempre per via come quei che non ha dove torni
12   gli uomini tutti hanno oltre l'abbondanza
13   io solo sono come un poverello
14   io ho per vero il cuore d'uno stolto
15   sono tutto confuso
16   il volgo degli umani è illuminato
17   io solo sono oscuro
18   il volgo degli umani è penetrante
19   io solo son depresso
20   son vago come il mare
21   come quei che non ha dove restare
22   tutti gli uomini sono utili a qualcosa
23   solo io sono impacciato come uno del contado
24   io sono differente a tutti gli altri
25   ma onoro la nutriente genitrice

20.   **i su.**

Lett.: «*diverso* (dal) *comune*». Non esiste pur troppo per questo Cap. un'unica e accettata lezione del testo. È un punto biografico. Secondo il Wieger il com. indigeno che ha meglio colto il senso dell'insieme è Chang Hung Yang. Secondo com. europei il Cap. contiene una critica dei tempi in cui viveva Lao Tsŭ e un eco del concetto che i contemporanei si facevano di lui. Essi vivevano secondo la materia,

Lao Tsŭ secondo lo spirito [Cfr. Introd., pag e seg.]: essi erano gli eroi del minuto secondo, Lao Tsŭ dell'eternità: essi erano felici nella loro angustia ben provvista, come passerotti in gabbia, Lao Tsŭ intimamente accorato dalla misteriosa immensità intravista, come aquila stanca delle cime. La verità è che la troppa altezza nasconde. Fantasticamente forzato ci appare l'assunto dello Strauss che Lao Tsŭ abbia avuto da udire simili rinfacci alla corte di Ching Wang. [Cfr. Introd., pag.].

21.
LO SVOTATO CUORE

1   della grande virtù l'apparenza
2   essa segue dappresso il principio
3   la natura del tao
4   è indistinta e confusa
5   o quanto indistinta e confusa
6   nel suo grembo ci sono apparenze
7   ma quanto misteriose e incomprensibili
8   nel suo grembo ci sono esistenze
9   ma quanto profonde ed oscure
10 nel suo grembo è l'essenza
11 l'essenza sua molto verace
12 nel suo grembo è la fidanza
13 dal tempo dei tempi fin'oggi
14 il suo nome non trapassa
15 da esso è sorto il principio
16 come so che così fu il principio
17 da questo

21.   hsü hsin.

Lett.: «*voto cuore*». Lao Tsŭ torna in questo cap. con più insistenza sulla definizione del tao. Cfr. Cap. 1. 4. Lao Tsŭ insiste qui nell'asserire che tutta la copia della vita empirica, dovuta all'azione del tao, di continuo pullulante, s'inizia come in una ineffabile penombra crepuscolare per i nostri sensi non atti a percepire l'infinito così che gli appellativi più erti di tutto quel che si riferisce al tao non possono essere che di indeterminatezza, di ineffabilità e di mistero. Quello che per Lao Tsŭ importa d'assodare è che in mezzo a tutta questa vaga ineffabilità, esiste la certezza di una immanenza raggiungibile solo dalla nostra intuizione. L'apparente dualismo del «*tao*» e della sua «*virtù*» non è che monismo nella cui operazione si può soggettivamente sospettare una diversa modalità d'integrazione. Cfr. Lao Tsŭ, Cap. 1. 4. 25. 34; Chuang Tsŭ, Lib. 2. 6.

22.
AUMENTARE L'UMILTÀ

1	*quello ch'è mezzo sarà fatto intero*
2	*quello ch'è torto sarà fatto dritto*
3	*quello ch'è voto sarà fatto pieno*
4	*il corrotto sarà rinnovellato*
5	*avere il poco è acquisto*
6	*avere il molto errore*
7	per questo il saggio sta in se stesso unito
8	e diviene modello al mondo intero
9	ei non mostra se stesso e perciò splende
10	non tiene al suo diritto e perciò brilla
11	non si vanta e perciò gli è dato vanto
12	non si esalta e perciò viene esaltato
13	e come egli a nessuno ordisce guerra
14	non c'è al mondo chi faccia guerra a lui
15	quel che gli antichi dissero
16	che il «*mezzo sarà intero*»
17	son dunque vacue lettere
18	tutto invero fa ressa intorno al saggio

22.   i ch'ien.

Lett.: «*aumentare* (l')*umiltà*». Lao Tsŭ riporta antiche parole in faccia agli uomini novi: molte virtù cristiane vi sono esaltate, avanti Cristo: per es. «umiltà» «remissione» molte altre non-cristiane vi sono condannate, come «l'orgoglio e l'egoismo». Pare che sviluppi il motivo del vangelo: «degli ultimi che saranno i primi». Ma le virtù nel taoista non scaturiscono dalla speranza di un premio ma dalla necessità della sua comprensione. Non c'è secondo Lao Tsŭ una forza riparatrice che faccia il *torto dritto* e il *vecchio novo* ma c'è invece una naturale vastità dove gli opposti si conciliano e le antitesi più non esistono. Il Taoista nella sua intensa contemplazione finisce con l'assimilarsi le virtù del tao.

23.
VACUITÀ E INESISTENZA

1   colui che poco parla è naturale
2   un turbine non dura una mattina
3   nè una pioggia a torrenti un giorno intero
4   chi può far questo il cielo e la terra
5   perfino cielo e terra non possono eterni durare
6   quanto meno per quel che tocca l'uomo
7   per ciò chi segue l'opra sua nel tao
8   si fa uno col tao
9   chi ha virtù uno si fa con la virtù
10   chi ha difetto uno si fa col difetto
11   chi s'unisce col tao anche il tao gode d'averlo
12   chi s'unisce con la virtù, anche la virtù gode d'averlo
13   chi s'unisce col difetto anche il difetto gode d'averlo
14   ma (per ciò) la fede è poca, anzi c'è la non fiducia

23.   **hsü wu.**

Lett.: «*vacuità* (e) *non-essere*». Questo Cap. male inteso, corrotto nel testo da correzioni arbitrarie, predica l'unione col tao. Vengono poi riprese le azioni violente come cose antinaturali: l'eccesso non dura. L'uomo deve uniformarsi allo svolgersi naturale delle cose, rispecchiando in sè l'armonia del Cosmo. Uniformatosi al tao l'uomo è libero da ogni perturbazione. Il Taoista trova la sua felicità nell'acquiescenza perfetta al tao.

24.
L'AMARA GRAZIA.

1   chi sta in punta di piedi non sta ritto
2   chi allarga le gambe non cammina
3   chi si mostra da sè non viene in luce
4   chi si approva da sè non cade in vista
5   chi si vanta da sè non ha valore
6   chi si gloria da sè non sale in gloria
7   questi davanti al tao
8   son come rimasugli ed escrescenze
9   cose che ognuno aborre
10 perciò colui che ha il tao non vi permane

24.   ku ên.

Lett.: «*amara grazia*». Il Cap. si riallaccia ai due prec.: vi si condanna il venir meno alla semplicità naturale: il resultato pratico che l'uomo raccoglie dalla sua presunzione è il contrario del suo desiderio: la febbrile caparbietà implica una buona dose d'ignoranza. Il tao che ha inscritto la sua legge nelle nostre radici non vuole esser disobbedito in queste; chi non le obbedisce trabocca cieco nella più buia disarmonia, abbandonando i campi del possibile, per consumarsi invano in un laberinto d'errori senza uscita.

25.
L'IMMAGINATO MISTERO

1   c'è un essere invisibile e perfetto
2   prima del cielo e della terra nacque
3   come tranquillo, come immateriale
4   è solo e non ha mutamento
5   d'intorno corre ma non corre rischio
6   si può considerare la madre del creato
7   io non conosco il suo nome
8   per significarlo lo chiamo: «principio»
9   sforzandomi a normarlo gli do nome di «grande»
10 grande vuol dire ch'è in moto
11 è in moto vuol dir che va lontano
12 va lontano vuol dire che ritorna
13 per questo il tao è grande e il cielo è grande
14 la terra è grande e il Re anch'egli è grande
15 nello spazio del mondo ci son quattro grandezze
16 colui che regna è uno tra di loro
17 dell'uomo la legge è la terra
18 della terra la legge è il cielo
19 del cielo la legge è il tao
20 del tao la legge è «se stesso»

25.   hsiang hsüan.

Lett.: «*immaginato mistero*». Il Cap. si riallaccia al Cap. 1 e 6 nella descrizione della ineffabile sovranità del tao, e nei cap. ver. [8-10] è accennato al ciclo della sua espansione: «*nascita*» (*shih*); «*acme della vita organica*» (*yüan*); «*decadenza e morte*» (*fan*) cioè il ritorno alla adice[121]. Per l'innominabilità del tao, cfr. Cap. 1. 5. 14. 21. 32. 62. 70; Lieh Tsŭ, Lib. 1; Chuang Tsŭ, Lib. 6. 11. 22. 23. 24.

---

[121] Cfr. A. Castellani, *Le fonti della mistica cinese*. Bollettino Filosofico, Firenze (aprile-maggio), 1926, dove a proposito di questo Cap. dico: «dal punto di vista della comparazione cosmologica, è per noi molto interessante il 25° Cap. del Tao Tê Ching, dove, in germe, Lao Tsŭ sembra precorrere, di molti secoli, le teorie di Kant e di La Place sulla formazione dei mondi... Difatti ciò che Lao Tsŭ chiama *"hun" "indeterminato"*, non è altro che il nostro *"caos"*; come per noi l'Universo non è che l'emanazione dell'ètere condensato in nebulosa, così per Lao Tsŭ il *tao*, *"l'assoluto"* non diviene mondo se non attraverso questo *"hun"*. Il *"chou hsin erl pu taï"* di Lao Tsŭ: *"d'intorno corre ma non corre rischio"* somiglia molto al *"tourbillon de l'éther"* che nel 1907 Goustave Le Bon ha posto a base della sua teoria sulla polarizzazione degli atomi. È dunque una specie di commovimento primordiale tanto nel tao di Lao Tsŭ come nell'ètere di Le Bon, quel che dà inizio alla formazione della materia concreta. Non solo ma noi oggi attribuiamo all'ètere virtù emanatrice e Lao Tsŭ aveva già detto del tao *"chih"* *"emanazione"*; noi vediamo nelle diverse modalità della materia, che non sono altro che ètere diversamente condensato, come altrettante diramazioni viventi con termine fisso di distanziazione dal loro principio e Lao Tsŭ aveva già detto delle cose diramate dal tao: *"yüan" "acme d'allontanamento"*; noi, infine, abbiamo constatato con Crookes la dissociazione atomica dei metalli a bassa pressione e della materia in genere, tendente a ritornare, dopo il massimo della sua concrezione, allo stato primitivo di ètere e Lao Tsŭ aveva già detto di ogni cosa, al colmine della propria fase evolutiva *"fan" "ritorno nell'assoluto"*.»

26.
LA VIRTÙ DELLA GRAVITÀ.

1   il peso è la radice del leggero
2   ed il tranquillo è principe del moto
3   per questo il saggio sempre quando agisce
4   non lascia mai la calma gravità
5   e sebbene abbia gloria, abbia splendore
6   calmo vi sta con superiorità
7   che sarà se un padrone di diecimila carri
8   prende con leggerezza in sè l'impero
9   se è leggero perderà i ministri
10   ma se corrivo, perderà lo stato

26.   chung tê.

Lett.: «(del) *peso* (la) *virtù*». Per il pres. Cap. i traduttori non vanno d'accordo: c'è chi crede, come il Wieger, che si tratti di un'allusione storica all'Imp. Yu Wang o ad altri ma ciò non può esser dimostrato. Meglio è forse prenderla nel senso generale di ammonimento a gravità di vita; bastando a volte la sola leggerezza a far perdere il regno al regnante. Anche Confucio afferma che se il Saggio non è grave non riscuote reverenza. [Lun Yü, Lib. 1]. Il Wilhelm ed altri credono che si tratti di un'avvertenza pratica; cioè: «se chi viaggiando in Cina non si porta dietro l'occorrente, rischia di trovare un albergo senza letti»; ma che, in mezzo alle alte considerazioni sul tao, Lao Tsŭ abbia voluto inserire questo piatto consiglio da tourista, repugna. Piuttosto persuade l'idea che Esso seguiti qui a scolpire il suo personaggio perfetto, il quale, consapevole di tutto, non si distacca in nessuna evenienza dalla propria dignità e si mette stoicamente sopra le apparenze speciose, restando calmo tanto in mezzo alle delizie come in mezzo ai disagi. La dignità, in chi comanda, deve essere continua e non solo davanti ai sudditi ma davanti a se stesso: nota che questa dignità cui accenna Lao Tsŭ, non è da intendersi nel Taoista come un abito esterno che si può vestire per il bisogno e deporre dopo l'uso, ma come una necessaria veste che l'uomo assume non appena ha compreso il tao e che appare su lui, improntando di sè tutto il suo portamento, dal di dentro al di fuori, quasi come un riverbero inevitabile.

27.
L'USO DELL'ABILITÀ

1   *un buon camminator non lascia impronte*
2   *buon parlatore non offende alcuno*
3   *buon contator non bisogna di macchine da conti*
4   *buon serrator non adopra nè sbarre nè contrafforti*
5   *eppure è impossibile aprire*
6   *buon legator non adopra nè corde nè nodi*
7   *eppure è impossibile sciorre*
8   indi il saggio che sempre trova bello salvare gli umani
9   per ciò non respinge gli umani
10   che sempre trova bello salvare le cose
11   per ciò non respinge le cose
12   ciò si chiama offuscare la luce
13   per questo l'uomo bono
14   non trova bello il farsi maestro degli altri
15   ma l'uomo non bono
16   trova ch'è bello il materiale degli altri
17   non dare prezzo d'essere il loro maestro
18   non amare di perderli come materiale
19   sebbene illuminato apparir come scemo
20   è questo il segreto essenziale

27. ch'iao yung.

Lett.: «(della) *furbizia* (l') *uso*». Cap. inteso male da molti. Una trad. letteralmente esatta non è sempre logicamente accettabile. L'errore deriva dall'aver trascurato il nesso taoistico dell'insieme. Il senso vero va cercato nell'antitesi tra concezione confuciana e concezione taoista. [Cfr. Introd., pag. e seg, e e seg.]. Esiste nel mondo un'azione invisibile che ha spesso più valore di quella visibilmente professata. Il Confuciano è quei che lascia molte tracce e non cammina, che adopra molte macchine e non conta: è l'adoratore del titolo e del distintivo; il

Taoista vive e lascia vivere nè vuol far da maestro alla gente. Tanto più quello s'impone, tanto più questi si ritira: tanto più quello considera l'uomo la sua creta plasmabile, tanto più questi rispetta in lui, col non intromettersi, una forma dell'evoluzione universale; tanto più quello è miope e posa a maestro, tanto più questi è saggio e non gli importa di sembrare uno stolto. Il segreto più importante, sec. Lao Tsŭ sta nel riconoscere questa verità essenziale.

28.
IL RITORNO AL GENUINO

1   *chi sa la sua forza di maschio*
2   *e conserva il suo posto di donna*
3   *è come il profondo alveo del mondo*
4   *s'egli è come il profondo alveo del mondo*
5   *la costante virtù non l'abbandona*
6   *e ritorna alla prima gioventù*
7   *chi conosce il proprio lume*
8   *e conserva la propria cecità*
9   *diviene il piedistallo del mondo*
10 *se diviene il piedistallo del mondo*
11 *la costante virtù non gli vacilla*
12 *ed ei ritorna nel perfetto stato*
13 *chi conosce la sua gloria*
14 *e conserva la propria umiltà*
15 *ei diviene la valle del mondo*
16 *se diviene la valle del mondo*
17 *la costante virtù gli basterà*
18 *ed ei ritorna alla semplicità*
19 la semplicità se dispersa produce gli esseri tutti
20 il saggio se governa
21 sia capo dei ministri
22 perciò governi in blocco e non dettagli

28.   fan p'u.

Lett.: «*rivolgersi* (alla) *naturalezza*». Sèguita la polemica contro l'esibizionismo confuciano. Lao Tsŭ non disdegna il paradosso come intensa affermazione contro l'idea di Confucio. Il Saggio taoista s'imbacucca d'inettitudine, si camuffa di stoltezza e se qualche Principe lo tragga per forza agli uffici non si distaccherà un momento dal tao, dalla semplicità: governerà in blocco e non si perderà in dettagli; praticherà consapevole il Non-fare. Il Cap. è diretto ai taoisti che potrebbero esser chiamati al governo, conculcati dalla lor torre d'avorio e spinti contro voglia nel bailamme della vita politica. Cfr. Lao Tsŭ, 6.

7. 9. 13. 24. 28. 40. 41. 42. 54. 66. 68. 71. 72. 76. 77. 78; Lieh Tsŭ, Lib. 2. 4. 8; Chuang Tsŭ, Lib. 20. 27. 32.

29.
IL NON FARE

1   quando uno tien l'impero e vuole agirlo
2   al fine io vidi ch'ei non lo raggiunge
3   l'impero è un meccanismo delicato
4   che non si può trattare
5   chi lo tratta lo guasta
6   chi l'afferra lo perde
7   perchè in riguardo alle cose
8   *alcuna va avanti alcuna segue*
9   *alcuna è tutta vampa alcuna è fredda*
10   *alcuna è vigorosa alcuna è debole*
11   *alcuna duratura alcuna frale*
12   e perciò l'uomo saggio
13   rigetta l'eccesso
14   rigetta la prodigalità
15   rigetta la grandezza

29.   **wu wei.**

Lett.: «*non fare*». Comandamento di non intromettersi nell'organismo dell'impero, imagine del cosmo. L'unica azione concessa è la repressione degli eccessi. Quando Lao Tsŭ parla della diversità delle cose che formano il complesso dell'impero, non vuole altro che accennare alla sconvenienza di colui che, volendolo manipolare, intendesse d'insinuarsi in quel miracoloso ingranaggio il quale deve essere lasciato funzionare da sè. Pienezza di coscienza universale e mancanza d'ingerenza personale deve contraddistinguere nel governo il Taoista consapevole dal Regnante profano. Lao Tsŭ accenna anche in questo cap. al disastro irreparabile dell'azione personale. Cfr. Lao Tsŭ, Cap. 5. 29. [5-6].; Cfr. Lao Tsŭ, Cap. 10. 17. 29. 37. 43. 48. 57. 63. 64. 73; Chuang Tsŭ, Lib. 7. 11. 12. 13. 24. 25.

30.
FARE A MODO CON L'ARMI

1   chi basato sul tao regge il sovrano
2   non con l'armi fortifica l'impero
3   il suo procedimento chiede restituzione
4   dove le truppe fecero soggiorno
5   colà non nacquer mai che sterpi e spine
6   e dopo i grandi eserciti
7   ci furon sempre anni di carestia
8   il buon duce vince e si ferma
9   non ardisce per questo usurpare potenza
10   vince e non se ne gloria
11   vince e non se ne vanta
12   vice e non se n'estolle
13   vince perchè costretto
14   vince ma non però per farsi grande
15   *ogni cosa raggiunta la massima forza decresce*
16   *questo si chiama esser contrario al tao*
17   *chi è contrario al tao presto finisce*

30.   chien wu.

Lett.: «*risparmiare armi*». In questo Cap. Lao Tsŭ dichiara guerra alla guerra, la quale è l'acme della intromissione umana nell'armonia prestabilita del cosmo: cioè la cecità del fare ha nella guerra la sua realizzazione più disastrosa. Dal suo punto di vista Lao Tsŭ svalorizza valori umani invalsi come quello del buon capitano la cui bontà, sec. lui, non dovrà consistere nell'umor bellicoso e nell'ardor di conquista, ma nel battersi contro voglia e nel non abusare della vittoria. Cfr. Cap. 31. Qui Lao Tsŭ somiglia a Tolstoi. Egli vede nella guerra non solo il massimo pregiudizio umano ma il massimo allontanamento dell'uomo dal tao e quindi anche il male che riassume tutti i disastri derivanti da questo allontanamento.

31.
METTER DA PARTE LA GUERRA

1   ora l'armi più belle
2   sono oggetti nefasti
3   ognuno le detesta
4   perciò chi sta col tao non vi s'attacca
5   il saggio in pace onora la sinistra
6   e quando è in guerra onora la diritta
7   l'armi sono stromenti di sfortuna
8   non stromenti da saggio
9   sol quando v'è costretto egli l'adopra
10   e la calma egli mette innanzi a tutto
11   se vince non la stima cosa bella
12   quei che la stima bella
13   è uno che gioisce a uccider uomini
14   e colui che gioisce a uccider uomini
15   certo non può regnare sulla terra
16   nei fausti eventi s'ama la sinistra
17   nei mali affari s'ama la diritta
18   il sotto capo sta alla sinistra
19   e il duce in capo sta alla diritta
20   cioè il posto d'uso ai riti funebri
21   colui che uccise d'uomini gran copia
22   li pianga con rammarico e con lutto
23   il vincitore in guerra
24   occupi il posto che usa ai riti funebri

31.   yên wu.

Lett.: «*metter da parte le armi*». Nel Saggio è ragionevole il disprezzo delle armi anzi più queste sono raffinate, più devono eccitare la sua indignazione perchè fonte di maggior dolore per l'umanità. Il Princ., in pace, se vuole fare onore al suo sottoposto lo mette alla sinistra – che è, contrariamente al nostro, per l'uso cinese il posto d'onore, perchè il lato fausto – ma non così in tempo di guerra; egli mette allora il generale alla sua destra che è il lato infausto. Per il

Saggio è meglio una oscura pace che una vittoria cruenta. Se si consideri il generale in capo e il suo aiuto, preferibile è la parte del secondo perchè meno micidiale. Se l'Imp. li ha vicini dà al generale in capo la destra, all'altro la sinistra. Nei riti funebri la destra è di chi presiede: nessun divario, nell'idea di Lao Tsŭ, tra questo presidente di lutto e il vincitore in guerra. Cfr. Lao Tsŭ, Cap. 30. 67. 68. 69 e Mêng Tsŭ, Lib. I, 1. 6. Legge ricorda le parole di Wellington: «*to gain a battle was the saddest thing next to losing it*».

32.
LA VIRTÙ DEL SANTO

1	il tao essendo eterno è senza nome
2	la sua semplicità quantunque parva
3	non ardirebbe il mondo assoggettarla
4	se principi e regnanti potessero attenervisi
5	ogni cosa da sè lor si sottometterebbe
6	cielo e terra sarebbero d'accordo
7	per piovere dolcissima rugiada
8	e il popolo senza comando da sè si comporrebbe
9	nel principio scindendosi ebbe nome
10	avuto il nome ancora si seppe fermare
11	se ci si sa fermare si può star senza rischio
12	se paragoni del tao l'esistenza col mondo
13	è come i rivi e le valli in rapporto ai fiumi e ai mari

32.   shêng tê.

Lett.: «*santa virtù*». Nella prima parte del Cap. Lao Tsŭ ripiglia il concetto della eternità del tao con tutti i suoi attributi di intangibilità, di invisibilità, di imponderabilità, ma con una forza anche mal concepibile nel mondo della nostra relatività. Lao Tsŭ, deplora che i Regn., ignari di questa immanenza, con occhi di talpa e cuori di tigre, non vi si possano conformare. Se ciò fosse rinascerebbe l'armonia universale. Nella sec. parte del Cap. ritorna brusco alla natura del tao e insiste qui sopra una delle sue più appariscenti qualità: cioè lo spandersi senza esaurirsi in maniera che tutte le cose sono diramazioni, dove permane vivo e operante il suo spirito. Esso tao è per tutte le cose del mondo come i ruscelli e le valli in rapporto ai fiumi e ai mari a cui portano inesausto tributo d'acque. Cfr. il pensiero di Spinoza a prop. Cfr. per il tao e la sua efficacia, Lao Tsŭ, Cap. 1. 5. 14. 21. 25. 62. 70; Lieh Tsŭ, Lib. 1; Chuang Tsŭ, Lib. 6. 11. 12. 13. 25.

33.
SAPERE DISTINGUERE

1   chi conosce gli altri uomini è sapiente
2   chi conosce se stesso è illuminato
3   chi vince gli altri ha forza
4   chi vince se stesso è più forte
5   chi sa bastarsi è ricco
6   chi opera con vigore ha volontà
7   chi non perde il suo posto a lungo dura
8   morire e non perire è il vero esser longevi

33.   pien tê.

Lett.: «*distinguente virtù*». Lao Tsŭ persuade all'uomo certe virtù che ha già esaltate nel tao: la conoscenza che s'indirizza agli altri rimanendo oggettiva è più facile di quella di noi stessi perchè perturbata da elementi soggettivi. Cioè un autogiudizio sarà sempre più difficile a darsi di un giudizio su altri dove l'interesse e l'amor proprio non turbano il discernimento. Vincere se stessi e sapersi contentare son due vittorie vere; e vivere in unione col Principio è l'unico mezzo per raggiungere la vera longevità.

34.
FIDUCIA NELLA PERFEZIONE

1   come il gran tao si spande
2   e in ogni direzione
3   ogni cosa s'affida a lui per vivere
4   ed ei non si rifiuta
5   l'opra fatta non chiama suo possesso
6   con amore alimenta ogni cosa
7   nè se ne fa signore
8   è sempre senza voglie
9   si può chiamar piccino
10   ma perchè ogni cosa a lui tornando
11   non se ne fa signore
12   si può chiamare grande
13   per questo l'uomo saggio
14   giammai non si fa grande
15   ed acquista perciò grandezza vera

34.   **jên ch'êng.**

Lett.: «*fidare* (nella) *perfezione*». Qui il tao è rappresentato come nutrice universale (*hsüan p'in*) [Cfr. Cap. 1. 6. 20. 25. 52; Lieh Tsŭ, Lib. 1] nel disinteresse verso le sue creature che infine non sono che «*se stesso*» diviso ad infinitum. Mentre tutti gli esseri sentono il loro arcano attaccamento al tao, esso non ha, per questo, nessun gusto d'innalzarsi su loro, in quanto che è impossibile una signoria sopra una cosa che partecipa della medesima essenza del soggetto. Lao Tsŭ vede, in questo supremo disinteresse del tao per le sue creature, il massimo della sua potenza creatrice. Questo assenteismo dalla propria creazione fa sì che il tao ci appaia piccolo, per non mostrare esteriormente di essere quello che è; ma se si guarda agli ultimi effetti e alla partenza da lui e al ritorno di ogni cosa in lui, allora, nella sua immobile piccolezza, ci appare immenso. Lao Tsŭ consiglia la stessa condotta, al Taoista conscio, dietro l'esempio del tao. Cfr. Cap. 2.

35.
LA VIRTÙ DELL'UMANITÀ

1   *a chi ritiene in sè la grande imagine*
2   *il mondo intero accorre*
3   *accorre eppure non ne soffre danno*
4   *e resta calmo, in pace e prosperoso*
5   alla musica, ai ghiottumi
6   il pellegrino ospite si ferma
7   ma invece quando il tao apre la bocca
8   è insipido nel suo non aver gusto
9   lo guardi e non ti par degno di vista
10 l'ascolti e non ti par degno d'udito
11 ma se l'adopri non ne trovi il fine

35.   jên tê.

Lett.: «(dell') *umanità la virtù*». Chi si sa assimilare l'aspetto del tao, permanendovi in intimo connubio, diviene un centro di simpatia per il mondo che intuisce in lui qualcosa di superiore e d'eterno. Cfr. Cap. 22. Il tao parla allo spirito e non ai sensi; ai più torpidi il suo sapore può sembrare scialbo non esercitando esso la stessa attrazione diretta di quel che fanno per es. la musica e il profuma dei cibi. Ma in questi si trova presto il disgusto: il godimento del tao è invece al disopra di ogni sensualità crassa. La sua inapparenza lo vela al nostro spirito, ma quando si è conosciuto si resta stupiti della sua profondità.

36.
IL MISTERIOSO LUME

1 se tu vuoi che qualcosa si contragga
2 prima bisogna che lo lasci estendere
3 se tu vuoi che qualcosa s'infiacchisca
4 prima bisogna che lo faccia forte
5 se tu vuoi cha qualcosa cada basso
6 prima bisogna che lo metta in alto
7 se vuoi prender qualcosa
8 bisogna che la dia
9 questo si chiama il misterioso lume
10 il molle e il frale vince il duro e il forte
11 non esca il pesce mai dall'acqua fonda
12 gli armamenti di un regno
13 non si debbon mostrare alle altre genti

36.   wei ming.

Lett.: «*sottile lume*». Il «*leitmotiv*» del cap. è un concetto assai radicato in Lao Tsŭ che il debole vinca il forte. Cfr. Cap. 8. 43. 78. Nella cedevolezza appare la massima illuminazione del taoista: che è invece violenza retrorsa nel profano: la caparbietà o la stortura cede invece il posto, nell'illuminato, ad un alto consentimento che porta allo scopo. Se ci si mette in guerra per il premio, si perde; se ti tieni fuori, il premio ti casca da sè tra le braccia: ogni atto umano ha la sua arsi e dopo la sua tesi; questa parabola è fatale tanto per gli uomini come per le cose. Di qui scaturisce anche un ammaestramento politico che si pratica ovunque. Invece di deprimere un nemico, esaltatelo e l'avvicinerete più presto alla rovina che gli desiderate: chi vuol togliere una cosa desiderata ad un altro, non gliela tolga per forza ma a forza di regali. Per vincere uomini e cose c'è bisogno da parte del Saggio di questa specie di liberalità corrosiva. Restar nascosto! [Cfr. il «*bene vixit qui bene latuit*» di Cartesio e il «λάθη βιωσας» di Epicuro]. Appena l'uomo mostra le sue ricchezze, le perde. Far come il pesce che non viene mai a fior d'acqua! Soprattutto silenzio su ciò che si prepara intorno ad un piano qualsiasi.

37.
LA FUNZIONE DEL GOVERNO

1   il tao costantemente non agisce
2   eppure non c'è cosa che non faccia
3   se principi e regnanti potessero attenercisi
4   ogni cosa da sè si muterebbe
5   se nel mutarsi le voglie in loro si movessero
6   io le reprimerei
7   con la semplicità che non ha nome
8   *nella semplicità che non ha nome*
9   *non ci sono più voglie*
10   *se non c'è desideri tutto è in pace*
11   *e il mondo da se stesso si raddrizza*

37.   wei chêng.

Lett.: «*esercitare* (il) *governo*». Concezione del governo olimpico e acquiescente. Cfr. Cap. 3. I Regn. bisogna che si mettano bene in testa che il governo sta al cosmo come un microcosmo al macrocosmo: data questa intima rispondenza chi vuol ben governare non s'intromette mai: Lao Tsŭ gli porta ad esempio il tao che produce tutte le cose di se stesso senza agire. Il maestro condanna qui il Regn. che vuole strafare e gli insegna il rimedio a questo eccesso. Il savio per calmare i suoi impulsi fattivi deve rispecchiarsi nella semplicità ineffabile del tao. Come il Budda considera il desiderio quale sorgente di tutti i dolori umani, così Lao Tsŭ considera il fare come la sorgente di tutti i disastri politici. Il desiderio è quello che all'uomo più noce sotto disegno apparente di giovargli e il fare è quello che sotto disegno d'aumentare distrugge anche il già esistente. Ad ogni passo la Dottrina di Lao Tsŭ che sembra a prima vista tutta ingombra di metafisica ed ha qua e là veri e propri punti di contatto con la vita ascetica, è poi, in ultima analisi – e qui si rivela chiara secondo noi la sua genuina origine cinese – indirizzata al resultato pratico. Cfr. Lao Tsŭ, Cap. 10. 17. 29. 43. 48. 57. 63. 64. 73; Chuang Tsŭ, Lib. 7. 11. 12. 13. 24. 25.

PARTE SECONDA

38.
INTORNO ALLA VIRTÙ

1   la virtù superiore non si crede virtù
2   per questo è virtuosa
3   la virtù inferiore non perde la virtù
4   perciò non è virtuosa
5   la virtù superiore non opra e non ha disegni
6   la virtù inferiore opera e nutre disegni
7   l'umanità opra e non ha disegni
8   la giustizia opra ma nutre disegni
9   il rito opra e se alcuno non gli risponde
10   snuda allora le braccia e ce lo sforza
11   perciò perduto il tao dopo venne la virtù
12   perduta la virtù dopo venne l'umanità
13   perduta la umanità dopo venne la giustizia
14   perduta la giustizia dopo venne il rituale
15   il rito è la parvenza della sincerità della fede
16   il principio di tutte le discordie
17   il saper degli antichi è il fior del tao
18   ma il principio di tutte le stoltezze
19   per questo l'uomo forte
20   s'attiene al sodo e non s'attiene al futile
21   s'attiene al frutto e non s'attiene al fiore
22   perciò rigetta quello e prende questo

38.　lun tê.

Lett.: «*discorrere* (intorno alla) *virtù*». Cap. di controversia confuciana. Quello che conta nel mondo è la virtù superiore (*shang tê*) la quale non agisce sebbene abbia in sè ogni possibilità d'azione; quello che non conta è invece la virtù inferiore (*hsia tê*) la quale non avendo possibilità d'azione, ne esibisce tuttavia ogni apparenza. La prima rifugge, perchè contiene in sè l'unità, dallo smarrirsi nei dettagli; la seconda invece, appunto perchè manca dell'essenziale, si riavoltola di preferenza in questi come a mascherare con la superficialità speciosa, l'intima sua lacuna. Così che la «*hsia tê*» diviene un misero surrogato della «*shang tê*». Anche il Confucianesimo (*hsia tê*) si contenta dell'artificiale mentre il Taoismo (*shang tê*) non si attiene che al genuino. Le virtù confuciane (*wu ch'ang*) sono un palliativo. Quando l'uomo era probo per natura non aveva bisogno di riti e di discipline perchè lo mantenessero tale. [Cfr. Introd., pag.].

39.
IL PRINCIPIO DELLA LEGGE

1   *tutto quello che in prima raggiunse l'unità*
2   *il cielo raggiunta l'unità si fa chiaro*
3   *la terra raggiunta l'unità si fa ferma*
4   *gli spiriti raggiunta l'unità si fanno potenti*
5   *la valle raggiunta l'unità si fa piena*
6   *ogni cosa raggiunta l'unità ebbe vita*
7   *principi e regnanti raggiunta l'unità son modelli dell'impero*
8   *ecco quel che produce l'unità*
9   *se il cielo non avesse ciò per cui diventa chiaro*
10 *temerei che cadesse*
11 *se la terra non avesse ciò per cui è fatta salda*
12 *temerei che crollasse*
13 *se gli spirti non avessero ciò per cui sono potenti*
14 *temerei che s'arrestassero*
15 *se la valle non avesse ciò per cui diventa piena*
16 *temerei che s'essiccasse*
17 *se ogni cosa non avesse ciò per cui rimane in vita*
18 *temerei che s'estinguesse*
19 *se i principi e i regnanti non avessero ciò per cui sono sovrani*
20 *temerei che cadessero*
21 per questo ciò ch'è nobile fa del vile a sè radice
22 ciò ch'è alto prende l'infimo come proprio fondamento
23 e per questo anche i principi e i regnanti
24 chiaman se stessi «l'orfano» «il piccolo» «l'indegno»
25 questo è fare del vile a sè radice
26 e così non è forse
27 perciò i pezzi del carro non son carro
28 non volere essere chiaro come giada

39.   fa pên.

Lett.: «(della) *legge* (la) *radice*». Ogni cosa scaturisce dall'unità del tao; tutto ciò che sa conservare in sè quest'unità sussiste e compie il suo ciclo naturale. Il segreto, tanto per gli uomini che per le cose, è di sapersi attenere alla semplicità primordiale: ogni cosa deve la certezza e l'efficacia della sua esistenza a questo fatto. Anche la potenza del Regn. deve, come tutte le altre cose, consentire a questa legge. Certo se questa forza genuina, sulla cui unità si basa ogni esistenza, venisse a cessare, se questo delicatissimo equilibrio venisse rotto, la compagine del mondo ne sarebbe scossa: tutto si troverebbe a entrare in uno stato di sussulto e di contraddizione; rotte sarebbero le fila misteriose che si riallacciano all'unità del tao. Qui, come altrove, si raccomanda la non intromissione. Il cómpito del Taoista è di avvolgere ogni cosa in un comprensivo sguardo globale: in questo senso il pres. Cap. si ricongiunge con quello prec. Vedi una traccia di questa verità, cioè della necessità di non intromettersi, di non innalzarsi, nello stesso costume dei buoni imperatori, di chiamarsi da sè con titoli umili, radicato ormai nel loro linguaggio. Da notarsi è che l'umiltà del taoista non è virtù cristiana, accivettatrice di premi, ma coscienza perfetta di uno stato di cose, di cui egli è riuscito ad intravedere la legge costante.

40.
L'UTILITÀ DEL RETROCEDERE

1   *il ritorno è il motivo del tao*
2   *debolezza è il procedere del tao*
3   ogni cosa nel mondo ebbe vita nell'essere
4   e l'essere ebbe vita dal non-essere

40.   **ch'ü yung.**

Lett.: «(del) *ritirarsi* (l') *utilità*». Il ritirarsi è il movimento spontaneo di coloro che si sanno conformare al tao, poichè come già si è visto, debolezza, oscurità, sono caratteristiche del tao stesso. Lao Tsŭ, che nei prec. [Cap. 38], dimostra la perdita del tao mettere sulla via dello smarrimento, [Cap. 39]; essere questo, mantenendo in ogni cosa l'unità, come il fulcro della sua conservazione, riaccenna qui alla qualità d'immanenza suprema e al metodo del suo ritmo di esteriorizzazione che non è altro che un partirsi, un allontanarsi e un ritornare in grembo all'assoluto. [Cfr. Cap. 30. 36].

41

MEDESIMEZZA E DIVERGENZA

1	quando un dotto di primo ordine ha udito dir del tao
2	con grande diligenza lo professa
3	quando un dotto mezzo e mezzo ha udito dir del tao
4	or lo conserva in sè ora lo perde
5	quando un dotto d'infimo ordine ha udito dir del tao
6	grandemente se ne ride
7	e che questi se ne rida basta al tao per esser tao
8	ormai invalse parole lo dicono
9	*chi dal tao ebbe lume è come ottenebrato*
10	*chi avanti andò nel tao è come retrocesso*
11	*chi si aggrandì nel tao è come uomo volgare*
12	*la virtù superiore è simile alla valle*
13	*il candore supremo è simile all'obbrobrio*
14	*la virtù più estesa è simile al difetto*
15	*la virtù stabilita è come di soppiatto*
16	*la vera dirittura è come corruzione*
17	*un gran quadrato è come privo d'angoli*
18	*un vaso grande si finisce tardi*
19	*un suono grande ha poca risonanza*
20	*una grande figura è senza forma*
21	*il tao è misterioso e non ha nome*
22	*ma è buono in dare ed anche a far perfetto*

41.   t'ung i.

Lett.: «*uguaglianza* (e) *differenza*». Lao Tsŭ fissa qui i gradi di capacità nella comprensione del tao da parte degli uomini: più l'anima di questi è per natura aperta alla grande verità e più se ne imbeve e se ne arricchisce: le tre categorie rilevate dal M. sono come tre misure differenti. Egli coglie l'efficacia diversa della ripercussione del tao su questi tre diversi stromenti nei suoi effetti esteriori che sono indice certo del maggiore o minore riconoscimento del tao. Se è dimostrato che più una dottrina è elevata, più trova insuccesso presso gli sciocchi, che, anzi, la sua bontà sta in ragione inversa degli scherni che da questi le derivano, ne vien di conseguenza che coloro i quali più ad essa intimamente s'avvicinano più sembreranno a quelli distaccarsene. Ora poichè il mondo rigurgita di nature poco elevate il vero elevato ci appare spesso nell'apparenza contrario alla sua vera sostanza. Assume nel mondo gli stessi predicati negativi del tao. Il vero Saggio va spesso nascosto sotto la più rude corteccia e chi nel suo portamento badasse alla superficie resterebbe ingannato. Il vero Saggio è dunque esposto ad errore d'apprezzamento da parte dei volgari.

42.
METAMORFOSI DEL TAO.

1   il tao produsse l'uno
2   l'uno produsse il due
3   il due produsse il tre
4   ed il tre dette vita a tutti gli esseri
5   tutte le cose han sulle spalle l'ombra
6   e tra le braccia portano la luce
7   ma l'infinito spirito le placa
8   quel che l'uomo più aborre
9   è abbandono pochezza indegnità
10   mentre i regnanti se ne fanno un vanto
11   e perciò ogni cosa
12   ora diminuisce eppur s'accresce
13   ora s'accresce eppur diminuisce
14   quel che la gente insegna anch'io l'insegno
15   ma che i forti non muoion nel lor letto
16   sarà la base della mia dottrina

42.   **tao hua.**

Lett.: «(del) *tao* (le) *trasformazioni*». [Cfr. Introd., pag. e seg.]. Il Cap. è stato discusso molto dai trad. e comm. Non si sa bene quel che voglia sign. l'*uno*, il *due* e il *tre*. Julien si limita a riportare il pensiero dei diversi commentatori da lui consultati. [Cfr. il parere del Rémusat, Introd., pag.]. Tê Ch'ing intende per «*uno*» il «*ch'i*»; per «*due*» il binomio alterno «*yin-yang*» «*ombra-luce*»; per «*tre*» le potenze: «*cielo, terra e uomo*». In alc., come Ko Hsüan (nel suo *Shang Ch'ing Ching Ching*), non appare questo passo; lo cita bensì Huai Nan Tsŭ ma tralascia il principio: «*tao shêng i*». Altri come il Giles (*Chin. Review*, 260) e il De Harlez ritengono il passo non genuino. Si può, invece, senza tema di errar troppo, credere che qui Lao Tsŭ abbia fatto un conciso tracciato di cosmologia taoista. Abbiamo una unità «*i*» che si scinde in un dualismo (*yin-yang*) e che con il prodotto di questo (*wan wu*) forma un trialismo che Lao Tsŭ intuisce come prima base di tutto l'edificio cosmico. L'ultima parte del Cap. contiene l'etica che deriva da simile concezione. Il Non-fare è predicato qui come il mezzo più acuto di cui disponga il Saggio per aderire al tao, accompagnato dalla minaccia o dal premio se vi aderisca o no e posto come base di tutto l'insegnamento.

43.
APPLICAZIONE UNIVERSALE

1   quello che in tutto il mondo è di più molle
2   supera quel che al mondo è di più duro
3   e il non-essere penetra dentro l'impenetrabile
4   e da questo io conosco il valor del non-fare
5   insegnamento che non ha parole
6   vantaggio del non-fare
7   pochi al mondo ci arrivano

43.   pien yung.

Lett.: «*universale uso*». Questo Cap. pare il seguito degli ultimi cap. ver. del prec. È l'elogio della lentezza conscia, della inattività operatrice, del «*gutta cavat lapidem*». Il M. dispera che gli uomini in massa penetrino questa verità che sembra un paradosso. Lao Tsŭ vuole che l'uomo non abbia bisogno di troppe parole per essere ammaestrato; la verità parla con «*lettere mozze*»: egli vuole inculcare al mondo la sua dottrina attraverso la trascendentale operazione del Non-fare.

44.
PRECETTI FISSI

1	che t'è più presso il nome o la persona
2	che cosa è più la vita o la ricchezza
3	che più t'affligge il perdere o l'acquisto
4	*perciò chi ama troppo troppo spende*
5	*chi mette insieme troppo troppo perde*
6	*chi si contenta non è mai sprezzato*
7	*chi si contenta mai non cade in rischi*
8	*e può durare a lungo*

44.   li chieh.

Lett.: «*stabilire precetti*». Il pres. Cap. forma il più stridente contrasto con le nostre concezioni di vita attuale. Certo, avidità di gloria e di denaro si vede accoppiata al rischio o per lo meno compagna di lavoro immane. La perfetta ed equilibrata personalità umana deve astenersi dall'assalto a queste «*ombre vane*» commerciate a prezzo di vita. Lao Tsŭ ci parla della bellezza del sapersi contentare: niuno è più ricco di chi si contenta. Ricordare il verso pascoliano del: «*il poco è molto a chi non ha che il poco*». Lao Tsŭ ci stenebra allontanandoci dalle visioni per ricondurci al solido alla vita vissuta in comunione col tao.

45.
L'IMMENSA VIRTÙ

1   *la grande perfezione è come monca*
2   *però nell'uso suo è inconsumabile*
3   *la grande abbondanza è come vuota*
4   *però nell'uso suo resta inesausta*
5   *la grande dirittura è come curva*
6   *la grande abilità è come inetta*
7   *e la grande parola è come balba*
8   il moto vince il freddo
9   la calma vince il caldo
10   la pura calma è il regolo del mondo

45.   **hung tê.**

Lett.: «*straripante virtù*». Cruda espressione del contrasto tra eccellenza interiore e deficienza esteriore: anche la rilasciatezza superficiale in antitesi con la mutria curiale confuciana è una forma del Non-fare. La prima cura del Saggio deve essere la sua costruzione interiore che forma per lui una specie d'usbergo invisibile contro le influenze esterne. Una buona travatura spirituale, ben commessa dietro le regole del tao non potrà non agire anche sotto un'apparenza d'apatia e d'inazione. Si può dire che nel Saggio ad ogni efficienza di dentro, corrisponde una deficienza di fuori. Dal suo inerte ritiro, nel suo olimpismo indifferente, il Saggio che è qui posto da Lao Tsŭ a modello della coscienza umana, agisce sul mondo più pienamente di qualsiasi altro abbaiatore d'agora. Solo la parola che nasce dal profondo è feconda anche se bisbigliata o taciuta; la parola dello stolto si perde in un chioccio acciottolio di ghiaia rotolante. La forma paradossale è adoperata sempre da Lao Tsŭ come un'accentuazione energica di quello che a lui sembra verità da essere, per quel suo crudo rilievo, insinuata anche nello spirito delle coscienze più tarde.

46.
MODERARE I DESIDERI

1	allorchè nell'impero regna il tao
2	i cavalli da guerra arano i campi
3	ma quando nell'impero il tao non regna
4	i cavalli da guerra s'allevano fin nei sobborghi
5	*non c'è colpa maggiore*
6	*che indulgere alle voglie*
7	*non c'è male maggiore*
8	*che quel di non sapersi contentare*
9	*non c'è danno maggiore*
10	*che di nutrire bramosia d'acquisto*
11	perciò quel che conosce
12	la sufficienza che si sa bastare
13	è sempre soddisfatto

46.   chien yü.

Lett.: «*moderare* (la) *cupidigia*». Questo Cap. riportato con leggiere modificazioni in molti punti da Han Fei Tsŭ, Huai Nan Tsŭ e da Han Ying espone in brevi tratti quel che avviene di un Regno quando non vi si conosca e non vi si pratichi il Non-fare. La guerra è posta qui dal M. come simbolo delle passioni umane, le quali sboccano di necessità nella lotta per delirio di predominio. La floridezza che scaturisce dalla pace e lo squallore che deriva dalla guerra son posti qui a fronte. Per prevenire l'eccitamento dei desideri che portano alla tenzone Lao Tsŭ fa l'elogio della parsimonia come dell'unico contravveleno. Il Cap. si rivolge, senza nominarli, ai Regn. i quali sono sempre causa diretta del bene o del male di un popolo; e ai quali è bene tener sempre davanti agli occhi come uno spauracchio le male conseguenze in cui s'incorre con la possibile perdita di una guerra, di modo che rendendo loro quasi tangibile quello che possono perdere si aiutino a moderare nel gusto di ciò che essi non dovrebbero desiderare d'acquistare.

47.
LUNGIMIRANZA

1   senza uscir dalla porta
2   si può sapere il mondo
3   senza guardare fuor della finestra
4   conoscere si può le vie del cielo
5   più lontano si va e men s'apprende
6   per questo l'uomo saggio
7   *non cammina ed arriva*
8   *non riguarda e sa i nomi* [delle cose]
9   *non agisce eppur compie*

47.   **chien yüan.**

Lett.: «*vedere lontano*». Elogio dello sguardo globale che deve contraddistinguere il Saggio dal volgare. L'intuizione è messa al posto dell'esame di dettaglio. Il tao è la scienza dell'unità: compresa questa, il Taoista non ha altro da apprendere. Il seguace del tao sente di portare in se stesso una parte di questa scienza e conosce il mondo attraverso la conoscenza del tao. Il viaggiare è una bella cosa: ma si tratta qui della scienza assai più ardua di far viaggiare la propria anima piuttosto che la propria persona.

48.
DIMENTICARE LA SCIENZA

1   con lo studio ogni giorno s'acquista
2   con il tao ogni giorno si perde
3   si perde ed ancora si perde
4   finchè s'arriva al non-fare
5   cosa non c'è che il non-fare non faccia
6   l'acquisto dell'impero fu sempre senza azione
7   e l'azione non basta a trarre a sè l'impero

48.   wang chih.

Lett.: «*dimenticare il sapere*». Segue l'esaltazione di ciò che l'uomo può raggiungere praticando il Non-fare. La scienza di dettaglio forma in noi una specie di casellario ingombrante, una scienza ma non una coscienza. Chi invece è arrivato al possesso del tao ogni giorno più si disaffeziona da queste frattaglie raccogliticce e si attacca alla scienza globale. Lo studio minuto è un allontanamento dalla via maestra del tao, dal Non-fare da cui tutto deriva. Il Cap. è un mònito per chi è o sarà chiamato al governo della cosa pubblica.

49.
LA VIRTÙ DELLA SOPPORTAZIONE

1 l'uomo saggio non ha costante cuore
2 ma fa del cuor del popolo il suo cuore
3 col bono io sono bono
4 ma anche col non bono io sono bono
5 chè bona è la virtù
6 col sincero io son sincero
7 ma pur col non sincero io son sincero
8 chè sincera è la virtù
9 l'esistenza del saggio in terra è calma
10 per tutto il mondo allarga il proprio cuore
11 mentre il popolo tutto in lui s'affissa
12 il saggio tratta tutti come infanti

49.   jên tê.

Lett.: «(del) *sopportare* (la) *virtù*». È religione del Saggio taoista non avere costanza: questa come virtù pratica presuppone gli scopi da cui il vero Taoista aborre. La cedevolezza consapevole, l'acquiescenza olimpica, il lasciar correre sistematico, devono in lui rimpiazzare l'arbitrio, la volontà, l'azione. Per questo sublime dispogliamento del proprio io, egli può riguardare tutti gli altri esseri sotto un aspetto solo al di là d'ogni contrasto. Non è però amor cristiano quel che persuade al Taoista la massima indulgenza tanto per i buoni come per i cattivi, ma il portato della sua concezione monistico-panteista del tao in seno al quale ogni antitesi si smussa. Il Saggio deve dunque distinguersi dal volgare principalmente per questo suo divino abbraccio che aduna in sè tutti gli esseri e tutte le cose. Cfr. S. Francesco. Nulla di più angusto che inchiodare il proprio cuore alla partigianeria che è un insulto a quell'anima che il tao ha proiettato in noi a sua immagine, la quale non è fatta per ostilmente escludere ma per simpaticamente abbracciare; perchè se nel cosmo non c'è nulla di non necessario, nulla necessariamente deve essere respinto da questa.

50.
FARE STIMA DELLA VITA

1 un arrivo è la vita un ritorno è la morte
2 seguaci della vita ce n'è tre sopra dieci
3 seguaci della morte ce n'è tre sopra dieci
4 uomini che ansiosi di vita
5 muovono invece il punto della morte
6 anche di questi ce n'è tre su dieci
7 ma per quale ragione
8 perchè essi voglion vivere la pienezza della vita
9 ho sempre udito dire
10 che chi sa bene governar la vita
11 ei va per il deserto
12 senza evitar rinoceronte o tigre
13 va traverso un esercito
14 senza vestir corazza o portar brando
15 il rinoceronte non ha dove ficcargli il suo corno
16 la tigre non ha dove addentrargli il suo artiglio
17 e l'arme non ha dove fare entrare il suo taglio
18 e per quale ragione
19 perchè in lui non c'è più punto mortale

50.   kuei shêng.

Lett.: «*apprezzare* (la) *vita*». Lao Tsŭ accenna all'identità dello stato di vita e dello stato di morte. Ei considera anzi la vita come la porta della morte. Ciò affermato, il Fil. si scaglia contro coloro che rovinano la vita per avidità di vita. Sono, questi ambiziosi, gli «*straziatori*» della propria esistenza, come li chiama Leonardo. Pochi sono coloro che consapevoli del tao, si sanno contenere. L'indifferenza superiore ci salva da qualsiasi usura tanto spirituale quanto corporale. Più non esistono le frecce perchè i bersagli son tolti: nella sua astrazione estatica il Taoista cessa anche d'esser vulnerabile: l'assenza perfetta da se stesso par che sospenda il legame tra spirito e corpo e per conseguenza cessi ogni possibilità d'essere offeso dal di fuori.

51.
LA CULTURA DELLA VIRTÙ

1   il tao dà vita alle cose
2   e la sua virtù le nutrisce
3   la materia dà loro la forma
4   l'energia le perfeziona
5   perciò fra tutte le cose
6   una non c'è che non onori il tao
7   e non apprezzi questa sua virtù
8   la dignità del tao
9   e la grandezza della sua virtù
10   nessuna cosa a loro l'ha sortita
11   ma l'ebber sempre come per natura
12   perciò il tao produce le cose
13   e la sua virtù le nutrisce
14   le fa crescere e le alleva
15   le completa e le matura
16   le nutrisce e le protegge
17   creare e non possedere
18   operare e non mantenere
19   governare e non padroneggiare
20   è questa la virtù trascendentale

51.   yang tê.

Lett.: «*coltivare* (la) *virtù*». Questo Cap. il Giles non indugia a dichiararlo opera arbitraria di discepoli e di commentatori: difatti elementi già noti vi riappaiono assai privi di nesso tra loro. Vi ricorre il motivo della infinità degli attributi contenuti nel tao: tutto emana da questo e con questo si mantiene in una sovrana indifferenza. Tutte le cose però si sentono figlie del tao e questo sentirsi «figlia» presuppone la conoscenza sempre più vaga mano mano che la consapevolezza è minore nella creatura: nelle cose non esiste coscienza ma c'è tuttavia attaccamento cieco, supinità congiunta che equivale a quello stato mentale a cui un Taoista deve giungere. Cfr. Cap. 1. 2. 4. 6; Lieh Tsŭ, Lib. 1; Chuang Tsŭ, Lib. 2. 6. 14. 22. 23. 25.

52.
IL RITORNO ALL'ORIGINE

1   quello per cui il mondo ebbe principio
2   è la madre del mondo
3   chi raggiunta ha la madre
4   da lei conosce il figlio
5   chi conosciuto ha il figlio
6   e conservi la madre
7   per tutta la sua vita è fuor di rischio
8   s'ei tien chiusa la sua bocca
9   e chiuse le sue porte
10   fino in fine di vita non ha pene
11   ma s'egli apre la bocca
12   e cerca d'ordinare i propri affari
13   fino in fine di vita non ha scampo
14   colui che vede il piccolo è veggente
15   chi si conserva debole egli è forte
16   e chi fa uso del suo proprio lume
17   per ritornare alla chiarezza sua
18   e fa che nulla al corpo sia d'usura
19   questo è vestirsi di durata eterna

52.   huei yüan.

Lett.: «*ritorno* (all') *origine*». Quanto più l'uomo è capace d'intuizione, tanto più nel tumulto contraddittorio delle cose egli cerca la base unificatrice. Questo bisogno di risalire al principio, di vedere in tutte le cose come altrettante diramazioni viventi, riducibili all'origine, è il primo dovere del Taoista. Non basta, dunque, conoscere le emanazioni del tao ma bisogna anche volere attraverso il «*figlio*» risalire alla «*madre*»: arrivato a lei l'uomo ha in sua mano la chiave d'oro che avrà ragione di tutte le serrature. L'antitesi fra ricca interiorità e superficialità speciosa entra in gioco nell'apprezzamento confuso dell'uomo che aspetta la luce attraverso l'integrale comprensione del tao, una duplice via si schiude: egli conosce la madre (*tao*) e conosce il figlio (*le sue diramazioni*), tra l'una e l'altra c'è un vincolo materno come s'è visto in Cap. 51: o si sbanda nel «*figlio*» per attaccamento terreno o si perde in un assoluto riassorbimento mistico nel seno della «*madre*». Chi si assorbe nel seno della «*madre*» è come al di là del bene e del male, chi s'invesca nei giuochi sinuosi del «*figlio*», s'abbica al mondo dove salute non gli è promessa. Il Wieger vede in questo Cap. [cfr. cap. ver. [9] e seg.] il primo fondamento dell'aeroterapia taoista.

53.
LA PROVA DELLA SOVRABBONDANZA

1	posto che avessi in me qualche saggezza
2	io vorrei camminare nel grande tao
3	intanto far gran pompa è quel che temo
4	il tao è grande e il mondo ama i sentieri
5	la corte è piena di magnificenze
6	ma i campi sono pieni d'erbe male
7	e i magazzini pubblici son vuoti
8	si veste abiti belli ed eleganti
9	si porta al fianco le taglienti spade
10	ci s'impizza di vino e di vivande
11	d'oro e di beni c'è sovrabbondanza
12	ma tutto questo è vanto di rapina
13	non è dicerto il tao

53.   i chêng.

Lett.: «(dell') *abbondanza* (la) *prova*». Lao Tsŭ comincia da questo Cap. a dedurre l'applicazione pratica dal suo concetto metafisico del tao e dal suo capitale monito il *non-fare*, nel campo della politica. Sviluppa ciò che nei prec. Cap. ha enunciato. Se qui si ripercuotano ancora echi della sventura civile che gravava a quei tempi sull'impero [Cfr. Introd., pag.], non possiamo dimostrare: a noi piace pensare che qui Lao Tsŭ parli in genere, in parte perchè il suo pensiero universalistico è ben lungi da riferirsi ad una sola nazione, in parte perchè i mali che travagliavano allora la Cina per legge naturale si ripetono sempre un po' per tutto. Il M. vuol solo mostrarci un quadro di quel che avviene di un paese ove non sia il culto del tao. Alla marcida pompa dei Regn. che danzano sopra un pavimento già minato dalle fiamme sottostanti Lao Tsŭ vuol far succedere nella nostra immaginazione la dura vigilia del Governante consapevole che cammina per le vie del tao: al lusso rigurgitante della corte corrispondono nel paese la miseria e i granai vuoti: queste fastose miserie sono per Lao Tsŭ indizi sicuri di un morbo che dentro rode ma che dà per il momento maggior lucentezza allo sguardo e più irrequieta febbrilità all'azione. Oss. poi come vi sia quasi in embrione il pensiero di Proudon sulla ricchezza e sulla proprietà.

54.
LA COLTURA DELLA INTUIZIONE

1 a chi ben pianta non sarà mai svelto
2 a chi ben tiene non sarà mai tolto
3 ed i figli dei figli gli faranno sempre offerta
4 *se lo coltiva nella sua persona*
5 *la sua virtù sarà di buona lega*
6 *se lo coltiva nella sua famiglia*
7 *la sua virtù sarà sovrabbondante*
8 *se lo coltiva dentro il suo villaggio*
9 *la sua virtù sarà fatta più grande*
10 *se la coltiva dentro il proprio stato*
11 *la sua virtù diventerà fiorente*
12 *se la coltiverà dentro l'impero*
13 *la sua virtù allora è universale*
14 perciò da te tu puoi giudicar gli altri
15 dalla casa tu giudichi la casa
16 dal villaggio tu giudichi il villaggio
17 dallo stato tu giudichi lo stato
18 dall'impero tu giudichi l'impero
19 come so che questo è il modo di conoscere l'impero
20 da questo

54.   hsü kuan.

Lett.: «*coltivare* (la) *visione*». Se fin qui Lao Tsŭ aveva parlato in genere del benefico influsso del tao in chi l'accoglie ora qui lo svolge empiricamente davanti al profano nei suoi gradi progressivi di persona, di famiglia, di città, di nazione e di mondo. Il Cap. tutto si appunta nell'avvento di un governo regolato dal tao il quale sa imprimere nel dettaglio la stessa impronta sovrana che appare nella sua unità: conosciuta la sua legge se ne deducono tutte le sue opere. Del resto malgrado il parere di alcuni commentatori e traduttori per es. il Giles che ritrova il tutto in Han Fei Tsŭ riportate quali parole di Lao Tsŭ ma non legate d'alcun nesso tra loro, a me pare che il Cap. formi un blocco.

Il parallelismo formale che lo pervade tutto n'è una prova: una maggiore per me è il ritmo progressivo che lo anima sul possesso del tao, la cui coscienza, innestatasi dapprima nel singolo individuo gli si allarga via via per gradi successivi fino a fargli vedere anche nelle cose più lontane e contraddittorie l'impronta di una sola ipostasi sì che da sè, ormai conscio, per questa sua coscienza illuminata, il Taoista può far di sè misura all'universo.

55.
L'IMPRONTA DEL MISTERO

1	chi dentro a sè ha di virtù pienezza
2	somiglia ad un bambino appena nato
3	cui velenosi rettili non pinzano
4	e dilanianti fiere non afferrano
5	ed uccelli da preda non rapiscono
6	molli egli ha l'ossa e i tendini flessibili
7	eppure afferra già tenacemente
8	ancora ignora il sesso eppure ha stimoli
9	è la perfetta forza dello sperma
10	egli vagisce tutto quanto il giorno
11	e la sua gola non diviene roca
12	è la perfezion dell'armonia
13	*conoscer l'armonia vuol dire essere eterni*
14	*chi conosce l'eterno è illuminato*
15	*accrescere la vita è infausta cosa*
16	*eccitare gli spiriti è fortezza*
17	*cosa già forte è presso all'invecchiare*
18	*tutto ciò non è tao*
19	*e ciò che non è tao presto finisce*

55.   hsüan pu.

Lett.: «*misterioso suggello*». Incitamento alla continenza. In genere il Taoista crede che ogni sforzo consumi. Nulla ci giova quanto la pace che è frutto di perfetto equilibrio fisico e morale, e impronta del tao in noi che noi dobbiamo conservare. Questa verità è stata sentita in tutti i tempi da alcune nature sovrane che nell'arte e nella scienza hanno operato con perfetta consonanza alle leggi del cosmo e della vita. Ciò non va confuso col quietismo ma definito piuttosto un quieto eroismo di coscienza e d'intelletto. Il Saggio deve riprodurre in sè, maturo per disciplina, quello stato di infantilità sublime che sola è fonte di conoscenza perfetta e che il pargolo possiede per natura come la più genuina impronta del mistero del tao. Questa specie d'involontaria astrazione dal sensibile nel bambino produce in lui quella invulnerabilità che è frutto di completa «*assenza*»: le passioni eccitando lo spirito l'incarnano, lo corporalizzano cioè l'assimilano con più nessi al corpo, ristringono i suoi lacci rilasciati, e come per questo accumulato fluido, lo fanno calamita di guai. Chi sa sospendere in sè la sensibilità non ha più paura delle sensazioni.

56.
LA VIRTÙ TRASCENDENTALE

1 colui che sa non parla
2 e chi parla non sa
3 *tien chiusa la sua bocca*
4 *tien chiuse le sue porte*
5 *smussa la propria asprezza*
6 *risolve ogni cosa confusa*
7 *mitiga il proprio splendore*
8 *ed uno egli si fa con la sua polvere*
9 questa è la comunione col mistero
10 tu non l'hai avvicinandolo
11 tu non l'hai respingendolo
12 tu non l'hai con il vantaggio
13 tu non l'hai con il dannaggio
14 tu non l'hai con l'onore
15 tu non l'hai con la bassezza
16 per questo egli è il più nobile del mondo

56. hsüan tê.

Lett.: «(la) *misteriosa virtù*». Chi ha raggiunto la scienza integrale del tao non è incline a parlare perchè in lui, con il sapere perfetto, si è saziato il bisogno di esprimersi che pure è una forma d'azione. La mania di parlare accenna ad uno squilibrio interiore che cerca il surrogato di una cosa intima che gli sfugge nelle parole vane. Contrariamente al «*così fatto scemo*» di Dante, la mezzana comprensione del tao non è «*dolce*» ma assillante, vaga, irrequieta: questo dal lato psicologico; dal lato morale poi sappiamo che la consapevolezza piena di una cosa ci sforza di per se stessa a tacerla o perchè dubitiamo che altri non giunga ad afferrarla nella sua totalità come la possediamo noi, o perchè se non vediamo che in altrui un'eguale tendenza imperiosa verso la nostra verità non esiste, reputiamo inutile rivelargliela. A questo elogio del silenzio nel consapevole possessore del tao, segue la descrizione del portamento del Saggio che è al di là di ogni possibile corruzione: immunità morale che fa riscontro a quella fisica descritta nel Cap. 55; così che il Taoista diviene per gli uomini il vero modello da imitarsi.

57.
IL SEMPLICE COSTUME

1	con la drittura si governa il regno
2	e con l'abilità s'adopra l'armi
3	ma col non-fare si conquista il mondo
4	come so che così si fa col mondo
5	da questo
6	più nel mondo ci son leggi e divieti
7	più il popolo precipita in miseria
8	più che la gente ha mezzi di benessere
9	più l'impero è in disordine o in soqquadro
10	più il popolo si fa scaltro nelle arti
11	e più che vengon fuori cose strane
12	e più che vengon fuori ordini e leggi
13	e più ci sono grassatori e ladri
14	per questo il sapiente ci dice
15	io non faccio eppur la gente da se stessa si trasforma
16	io sto calmo eppur la gente da se stessa si corregge
17	io non traffico e la gente da se stessa s'arricchisce
18	io non voglio eppur la gente da se stessa si semplifica

57.   shun fêng.

Lett.: «(il) *semplice costume*». Lode del Non-fare: si allude ai falsi rimedi attivi dopo la malnata intromissione di se stesso nelle cose dello Stato. Le leggi bisogna farle appunto perchè la nostra attività personale ha già suscitato disordini che in qualche modo vanno rimediati. Eccellente è il tono ironico del M. nell'insistere su questi rimedi peggiori del male, dimostrando che il buon proposito, sorte in pratica, proprio l'effetto contrario a quello che il Regn. faccendiero si era immaginato: le leggi non servono che ad aumentare il numero dei birbanti; non c'è stimolo più grande della proibizione, e nessuna altra azione può surrogare quella della natura, per es. nella pianta che vegeta e cresce senza fretta e senza tregua. Anche lo Stato se ben congegnato sulle norme del tao va da sè. La stessa detestata guerra va accettata come difesa e non esercitata come mezzo di conquista. Il Saggio, in un sublime consentimento, lascia andare e rispetta tutte le cose dello Stato nella loro vitale spontaneità.

58.
OBBEDIRE AL MUTAMENTO

1	dove il governo non è molto attivo
2	il popolo si trova in abbondanza
3	dove il governo si ficca per tutto
4	il popolo si trova in indigenza
5	ah la felicità
6	è ciò che posa sopra la disgrazia
7	ah l'infelicità
8	è ciò che giace in grembo alla fortuna
9	chi conosce il suo culmine
10	ogni cosa è senz'ordine
11	la giustizia degenera in mania
12	e la bontà si muta in stravaganza
13	l'umana cecità da molto dura
14	per questo l'uomo saggio
15	è quadrato e non tagliente
16	angoloso e non ferisce
17	è diritto e non impronto
18	risplende e non abbaglia

58.   shun hua.

Lett.: «*obbedire* (alla) *trasformazione*». Più chi governa s'impiglia nei dettagli, più il suo governo sarà difettoso: lo sterpeto dei dettagli è una corona di spine per il popolo che ama per istinto le vie maestre. Già s'è visto come questa manìa, che fa la delizia del funzionario confuciano, riposi soprattutto sul misconoscimento del tao. L'abbondanza minuziosa dei provvedimenti invece di accelerare lo svolgimento di un popolo l'incaglia, perchè questi, nella sua rude incoscienza, ma fedele al proprio istinto, resta sempre più vicino al tao del cattivo Governante. Questo Cap. predica la vigilanza integrale, fuori e dentro di sè, di chi governa; ma è descritta come una qualità che non deve inorgoglire chi l'ha raggiunta. Il Saggio splende agli occhi degli altri di una luce calma e velata nel suo pieno possesso del tao e nell'alto consentimento alle sue leggi.

59.
CONSERVARE IL TAO

1   nel governare gli uomini e nel servire il cielo
2   niuna cosa è migliore della moderazione
3   questa moderazione sia la cura più sollecita
4   sollecita cura è accumular virtù soda
5   se accumuli ricca virtù
6   cosa non ci sarà che non si possa
7   e se cosa non c'è che tu non possa
8   nessuno può sapere il suo confine
9   se niuno può sapere il suo confine
10   si può tener l'impero
11   e se ha questa madre dell'impero
12   potrà durare a lungo
13   è profonda radice e saldo ceppo
14   ed è la via di vita e vista eterne

59.   **shou tao.**

Lett.: «*conservare* (il) *tao*». Fa seguito al prec.: anche qui si predica l'efficacia della moderazione in chi governa: anche la parsimonia nelle spese statali rientra in questo campo. Alcuni per es. Grill intendono che si debbano accumulare virtù taoistiche indispensabili alla condotta dell'uomo di Stato, altri invece per es. lo Strauss pensa che si tratti di accumular roba in senso concreto, di cui si deve largheggiare col popolo che poi te la ripaga in tanta benevolenza, facilitandoti il governo; altri per es. il De Harlez pensa che il trionfo del Saggio sia prospettato qui, non come gloria esteriore, ma come dominio di passioni. Obbedendo alla regola celeste (*tao*) il Regn. diviene moderato. Non c'è da credere, come certi comm. indig., che l'economia del buon Regn. debba estendersi fino a lesinare sacrifici al cielo (sec. E. di Julien). Qui il Saggio che governa non è preso nel senso confuciano, non è l'intermediario tra cielo e terra, ma uno che si è fatta una coscienza universale dopo avere intuite le leggi del Cosmo. [Cfr. Introd., pag. e seg.]. Bisogna, a mio parere, vedere anche in questa virtù regolatrice un aspetto meno accentuato del Non-fare.

60.
PER RIMANERE IN SOGLIO

1 se tu vuoi governare un regno grande
2 fa' come quei che frigge i pesciolini
3 se tu secondo il tao governi il mondo
4 i morti mai non diverranno spettri
5 non già che i morti non ne avesser forza
6 ma il loro spirto non danneggia gli uomini
7 se il loro spirto non danneggia gli uomini
8 anche il saggio giammai non li danneggia
9 se questi non s'offendono a vicenda
10 è perchè la virtù li fa compagni

60. chü wei.

Lett.: «*dimorare* (sul) *trono*». Si allude alla circospezione che il buon cuoco deve avere nel friggere i piccoli pesci, cioè: non agitarli troppo altrimenti si sfanno. Il buon Regn. deve imitarlo se vuol ben governare; non deve vessare troppo i sudditi con il suo strafare altrimenti lo Stato si sfascia. Il resto del Cap. allude al Regn. che pregiando il Non-fare si trova, forte delle sue virtù trascendentali, al di là d'ogni pericolo. Per capire bene l'allusione agli spiriti, che non sono qui spiriti di defunti, bisogna ridursi alla mente che i taoisti li pensano come prodotti di disarmonie, come la ruina che produce il nuvoloso polverìo d'intorno: sono forze malefiche e inibitrici che si sprigionano come altrettanti fluidi nocivi dalle azioni torte e contro natura. Quando lo spirito del Regn. è calmo non si generano tali fastidi invisibili ma reali intorno a lui, ma quando è passionato, sprizzano da lui scintille di malefizio, come nubi addensantisi nel cielo che finiscono per portare il temporale. Questo Cap. è forse una interpolazione postuma. Han Fei Tsŭ, lo cita per intero, Lib. 6.

61.
LA VIRTÙ DELL'UMILTÀ

1   se un grande stato sa tenersi in basso
2   diviene come il centro della terra
3   divien come la femmina del mondo
4   la donna con la calma vince il maschio
5   e con la calma tien se stessa in basso
6   un gran regno umiliandosi ai minori
7   diviene possessor dei minor regni
8   e un piccolo abbassandosi ai maggiori
9   diviene possessor dei maggior regni
10   perciò altri abbassandosi conquista·
11   altri conquista per esser già basso
12   un grande stato aspira solo a unire e a governare
13   ed un piccolo aspira solo a entrare ed a servire
14   ma perchè l'uno e l'altro raggiunga ciò che vuole
15   deve il più grande mantenersi in basso

61.   ch'ien tê.

Lett.: «*umile virtù*». Uno Stato forte è proclive ad esaltarsi. Come il Saggio si fa modesto davanti agli altri così deve fare anche uno Stato davanti agli Stati minori: non nel senso di farsi debole ma per divenire accentratore. Calzante è l'imagine del fiume che più scorre basso e più copia d'acqua aduna nel suo alveo, mentre i greti alti sono sempre aridi. Il paradosso parrebbe trasparire nella preferibilità del basso sull'alto, se per Lao Tsŭ abbassarsi non volesse dire scavare le vie naturali che solo ti possono apportare dovizia: non si tratta qui di rinunciataria umiltà cristiana ma di muta e furba azione diplomatica la quale potrebbe sembrare anche brutale se non si fondasse sopra una coscienza integrale, frutto d'investigazione superiore e di coraggiosa vigilia.

62.
L'AZIONE DEL TAO

1   *il tao di tutti gli esseri è il rifugio*
2   *è il tesoro dei buoni*
3   *l'appoggio dei perversi*
4   con i bei motti si può far mercato
5   ma co' i bei fatti si rifà la gente
6   di quegli uomini quei che non son boni
7   perchè mai li dovrei gittar da banda
8   per questo c'è il Regnante, son posti i magistrati
9   ma meglio che portare in man la giada
10   ed avanzare in mezzo alla quadriga
11   è il sedersi e avanzare in questa legge
12   perchè gli antichi saggi onoravan questo tao
13   non forse perchè chiesto sempre da sè veniva
14   e perchè i peccatori eran dal lui redenti
15   perciò esso è la cosa più nobile del mondo.

62.   **wei tao.**

Lett.: «(l') *operante tao*». Lao Tsŭ persuade qui al culto dell'interiorità. Il tao è considerato come il grande rifugio, non nel senso statico ma in quello dinamico di coscienza che si ritrova: questo fulcro intimo è indispensabile perchè la nostra azione, quale essa si sia, non rimanga fallace. Buoni e perversi hanno la loro salvezza, possono ritrovare se stessi in questo punto. Lo stesso Imp., gli stessi magistrati sono come il portato di un nostro bisogno istintivo di ricongiungersi al tao; essi ci devono esser di guida in ciò, anzi non si lasceranno distrarre, nella loro funzione di lumi per il popolo, dalle loro inevitabili pompe esteriori, e anche in mezzo alla esteriorità dei riti, il tao dovrà sempre occuparli intensamente, perchè il loro vero piacere dovrà consistere nell'avanzamento della dottrina, non in quello del grado. Lao Tsŭ vuole che più l'uomo sta in alto, più sia pervaso dal sentimento religioso: anzi diffondere questo sentimento nel popolo sarà la sua vera missione. L'unione fraterna degli uomini ci è già nettamente prescritta nel dispensarsi imparziale del tao a tutte le creature del mondo.

63.
PENSARE AL COMINCIAMENTO.

1	metti in pratica il non-fare
2	occupati della non occupazione
3	trova gustoso ciò che non ha gusto
4	trova grandi le più piccole cose
5	sappi trovare in mezzo al poco il molto
6	ricambia l'odio con il benvolere
7	il difficile imprendi nel suo facile
8	ed adopera il grave nel suo lieve
9	la cosa più difficile del mondo
10	bisogna che principio abbia dal facile
11	e la cosa più grande del mondo
12	bisogna che principio abbia dal poco
13	per questo l'uomo saggio
14	in vita sua non opra cose grandi
15	e di questo egli fa la sua grandezza
16	chi facile promette, difficile mantiene
17	chi piglia tutto facile trova difficoltà
18	per questo l'uomo saggio
19	trova tutto difficile
20	e in vita sua non ha difficoltà

63.   ssŭ shih.

Lett.: «*pensare* (il) *principio*». È l'attenzione consapevole del Saggio che conosce la via del tao: è il magnanimo riserbo dell'illuminato: l'indulgenza superiore davanti a tutte le cose del conoscitore delle leggi del cosmo. Colui che non conosce questa legge facilmente s'esalta inebriandosi del suo arbitrio d'uomo che si crede scisso da legami che sono tanto più profondi quanto meno ei li vede. Mettere in pratica il Non-fare può significare per il profano autotumulazione nel nulla, mentre per il risvegliato è consonanza perfetta tra il contenuto della sua personalità e la legge del tao; è l'obbedienza supina che gli si converte in maestria dell'assoluto: la riluttanza del Saggio taoista al fare deriva non da pigrizia ma dalla conoscenza di una immanenza cui è impossibile sottrarsi. Il superamento del difficile che, per la gloriola che ne deriva, attira tanto gli ignari, non ha presa su lui: ei vince la difficoltà delle cose con la difficoltà della sua dedizione a quelle: da tale armatura di consapevolezza e di arduo freno gli deriva perciò la facoltà di vincere tutte le cose difficili che a lui, superatore per eccellenza, non possono apparire più tali.

64.
IL RISPETTO AL MINUSCOLO.

1	ciò che sta calmo è facile a trattarsi
2	il non occorso è facile a predirsi
3	ciò ch'è tenue è facile a spezzarsi
4	ciò ch'è tenue è facile a disperdersi
5	ponderalo nel suo non-ancor-essere
6	ordinalo nell'ancor suo non-disordine
7	un albero che appena s'abbraccia
8	nacque d'una radice come un pelo
9	una torre a nove piani
10	incominciò da un cumulo di terra
11	ed un viaggio lungo mille miglia
12	incominciò dal fare un passo solo
13	quei che fa sbaglia e quei che tiene perde
14	per questo l'uomo saggio
15	non fa perciò non sbaglia
16	non ha perciò non perde
17	quando il profano segue un proprio affare
18	sempre lo guasta verso la sua fine
19	cura la fine a pari del principio
20	e allora non avrai da guastar cose
21	per questo l'uomo saggio
22	desidera di non-desiderare
23	sprezza cose difficili ad aversi
24	apprende il non-apprendere
25	ritorna là dove altri son passati
26	aiuta la natura delle cose
27	e non osa d'agire

64.   shou wei.

Lett.: «*considerare* (il) *piccolo*». Il Non-fare non deve essere il frutto dell'inerzia ma della nostra più perforante penetrazione. Come esempi da contrapporsi alla fretta infeconda di chi pretende strafare la quale si fonda sempre sopra una inguaribile angustia di coscienza, Lao Tsǔ cita l'albero grande che cominciò da una piccola radice e l'edificio pomposo che cominciò da una piccola pietra. La considerazione del minuscolo è una obbedienza necessaria al tao, minuscolo esso pure. La febbrilità dell'azione trascura di osservare questa microscopicità vitale che è base di tutte le cose, principio di tutte le azioni. L'intromissione passionata è un ostacolo allo svolgersi naturale delle cose che invece il Saggio deve aiutare col suo alto consentimento.

65.
LA VIRTÙ GENUINA

1   chi fra gli antichi praticava il tao
2   non l'impiegava a illuminare il popolo
3   ma a far sì ch'ei restasse umile e ignaro
4   se un popolo è difficile a guidarsi
5   dipende ch'egli sa già troppe cose
6   perciò chi col sapere guida un regno
7   egli diviene il suo saccheggiatore
8   e chi senza il sapere lo governa
9   ei ne diviene il suo benefattore
10 chi sa queste due cose egli è il modello
11 aver sempre coscienza del modello
12 è questa la virtù trascendentale
13 e questa alta virtù
14 quanto è profonda, quanto inarrivabile
15 quanto è proprio l'opposto d'ogni cosa
16 eppure arriva sempre al suo successo

65.   shun tê.

Lett.: «(la) *semplice virtù*». È la vita naturale contrapposta alla vita artificiale di Confucio; la necessità che il popolo si lasci guidare da chi lo governa senza neppure sentire che è governato e non saper nulla delle cose del governo, è qui in antitesi con la petulante intromissione confuciana. Quel che importa è di ripristinare lo stato patriarcale: per ciò Lao Tsǔ predica in più punti del suo volume la necessità di mantenere più che si può il popolo nella ignoranza: se esce da questo suo stato d'inconscia innocenza diviene difficile a governare. Cfr. Cap. 3. 17. 58. 75. Nulla di più disastroso che scoprire i mille tramiti, che rivelare le mille fila di che s'intesse la vita dello Stato. Il profano, se iniziato a questo meccanismo, sente nascere in sè dì colpo la voglia di parteciparvi e allora è finita l'umiltà e l'obbedienza. Il governo per vivere bisogna che rimanga non solo immoto ma anche segreto. Bisogna che il Gov. non sia assalito dal gusto di elevare le sue genti: il bene che si fa all'individuo può essere un male che s'infligge allo Stato. Il Gov. deve badare alla virtù trascendentale (*hsüan tê*) e non a quella umana e se si affida al Non-fare, tutto s'arrangia da sè.

66.
POSPORRE SE STESSI.

1   ciò per cui i fiumi e i mari son padroni delle valli
2   vien da ciò ch'essi comprendono come starsene
    al di sotto
3   perciò sono i padroni delle valli
4   per questo l'uomo saggio
5   se vuol di fatto soprastare al popolo
6   deve coi detti porsi a lui disotto
7   se vuole esser del popolo alla testa
8   deve metter se stesso alla sua coda
9   perciò egli risiede in alto loco
10 e il popolo da lui non ha pressura
11 egli così dimora al primo posto
12 e il popolo da lui non ha dannaggio
13 tutto il regno è beato d'ubbidirlo
14 e mai non se ne sazia
15 e perchè non combatte mai [col mondo]
16 niuno al mondo combatte mai con lui

66.   hou chi.

Lett.: «*posporre se stesso*». Insisto sulla differenza che c'è tra umiltà cristiana ed umiltà taoista; tra gli ultimi che saranno i primi di Cristo e i vigili seguaci di Lao Tsŭ c'è un gran divario. La priorità nell'altra vita ai miseri di questa è come un premio compensatore, l'assurgere invece al primo posto in questa vita degli umili è frutto di scaltrezza diplomatica e non ha nulla in sè di carità cristiana e di speranza celeste. Anche questo ritirarsi circospetto del Gov. che nel cuore degli altri lo mette alla testa di tutti, è una forma del Non-fare. Si può dire che questo capitolo sia lo svolgimento della 2ª parte del Cap. 8. Anche qui l'acqua è presa a paragone della cedevolezza che deve animare il Saggio nelle faccende del mondo. Questa massima applicata all'esercizio del governo ci fa intendere qual conoscenza del cuore umano aveva Lao Tsŭ; quando un giogo non pesa, il popolo lo sopporta, anzi a volte lo vuole di partito; e le fatiche non vengono mai addebitate al Regn. se questi saprà comandare senza averne l'aria.

67.
LE TRE COSE PREZIOSE

1	tutti nel mondo chiamano me grande
2	mentre ch'io sembro invece un incapace
3	solo perchè son grande
4	somiglio un incapace
5	per i veri incapaci
6	la lor mediocrità nota è da molto
7	ora io posseggo tre preziose cose
8	che custodisco in me come tesori
9	il primo si chiama «amore»
10	il secondo si chiama «modestia»
11	il terzo si chiama «umiltà»
12	amore fa ch'io possa aver coraggio
13	modestia ch'io divenga generoso
14	umiltà ch'io sia primo sopra gli altri
15	ed oggi senza amore si vuol pure aver coraggio
16	rigettando la modestia si vuol esser generosi
17	e sprezzando l'umiltà si vuol esser sopra gli altri
18	questa invero è la morte
19	vince sol chi combatta con amore
20	sol chi conserva con amore è saldo
21	quando il cielo vuol salvarci
22	ci protegge con l'amore

67.   san pao.

Lett.: «(i) *tre tesori*». Il Cap. ha affinità con certe virtù cristiane. È salvo chi ama, cristiana è anche l'idea che chi si umilia sarà esaltato. L'altezza morale non è visibile per forma esteriore nell'estimazione del prossimo. Una prova d'amore superiore Lao Tsŭ ce la dà nel Cap. 49 dove egli dice di trattare sempre bene tanto i buoni che i cattivi. Non è ancora il Discorso della Montagna ma già lo contiene in embrione. Cfr. Cap. 4. 56. 75. 76. 78. Se non che il punto di vista e la finalità dello scopo divergono: il cristiano vede anzitutto nel raggiungimento della sua perfezione il premio dell'aldilà, il Taoista, invece, vede un bene nella virtù raggiunta ma in se stessa, ne gode come d'un successo, in quanto questa è in terra assimilazione all'eternità del tao.

68.
RIALLACCIARSI AL CIELO

1   il buon duce non nutre ardor di guerra
2   il buon guerriero mai non cade in ira
3   e chi vince il nemico non combatte
4   chi adopra bene gli uomini
5   si mette a lor disotto
6   è questa la virtù del non lottare
7   questa è la forza d'adoprare gli uomini
8   questo si chiama assimilarsi a cielo
9   fu la virtù più grande degli antichi

68.   p'ei t'ien.

Lett.: «*riunirsi* (col) *cielo*». Il Cap. si riallaccia al seg. e al prec. Secondare tutto per dominare tutto è la regola gesuitica che potrebbe trovare la sua prima base in questo passo di Lao Tsŭ se non che nel M. la finalità del male è soppiantata da quella della felicità individuale e collettiva. L'azione è quasi sempre, in forme più o meno temperate, un'aggressione. Altri motivi già visti per es. quella che vince sempre chi non combatte, che per comandare bisogna far viste di servire e che facendo così si imita il tao, ci si assimila alla norma celeste, son qui riaffermati con più netta insistenza, come eccelse virtù degli antichi.

69.
L'IMPIEGO DEL MISTERO

1   per chi maneggia l'armi c'è un proverbio

2   è meglio far da ospite che fare da padrone

3   che avanzare d'un pollice meglio è retroceder d'un piede

4   ciò si chiama avanzar senza avanzare

5   respinger senza muovere le braccia

6   correre dietro senza ostilità

7   e conquistare senza adoprar armi

8   non c'è male peggiore che attaccar con leggerezza

9   attaccando inconsideratamente

10   ci rimetto di certo il mio tesoro

11   e perciò di due eserciti in battaglia

12   quel che più se ne appena ha la vittoria

69.   hsüan yung.

Lett.: «(del) *mistero* (l') *uso*». Per il consapevole del tao è più gran cosa l'ubbidire che il comandare: questa idea dà di punta contro le nostre concezioni usuali: non è la passività cristiana, non la flessibilità pietosa ma quella scaltra e politica che fa la salvezza delle cose. Lao Tsŭ ha detto che vince solo colui che non combatte, qui aggiunge che fra i combattenti riporta di solito vittoria quegli che guerreggiando più compie questo suo dovere a malincuore. L'entusiasmo è posto da banda come una potenza nefasta e discervellatrice. Non bisogna intendere che vince la guerra chi la fa con maggior senso di umanità, perchè la guerra è sempre guerra, cioè una brutta cosa, ma colui che ne sente tutta l'inanità e non ci mette troppo ardore. Chi sta sulla difensiva [*wu-wei*] è in miglior posizione e condizione di chi s'avventa all'assalto ebro di conquista. Affrontare la responsabilità di un'azione in genere è un controsenso per un Taoista, aggiungi poi che per il vero seguace del tao procedere o retrocedere sono la stessa cosa: di qui la vera riluttanza per ogni lotta, essendo egli indifferente per qualsiasi vittoria.

70.
L'ARDUA CONOSCENZA

1   ciò che dico è ben facile a sapersi
2   è ben facile a mettersi in azione
3   ma nel mondo nessuno lo comprende
4   nessuno lo sa mettere in azione
5   queste parole hanno una prima origine
6   e queste azioni hanno un che le governa
7   ora perchè nessuno le comprende
8   perciò non può comprendere me stesso
9   quelli che mi comprendono son rari
10   e questo appunto forma la mia gloria
11   per questo il santo indossa abiti vili
12   e nasconde le gemme nel suo petto

70.   chih nan.

Lett.: «*sapere* (le) *difficoltà*» opp. «(le) *difficoltà* (del) *sapere*». Lao Tsŭ delinea la sorte che tocca a quasi tutti gli alti ingegni: di non esser conosciuti o di esser conosciuti male. Essi vanno più che a mezza strada incontro alle moltitudini distratte con la loro dottrina e quasi sempre invano. Anche Lao Tsŭ ha fatto l'esperienza del non esser compreso. L'incomprensione sta in ragione diretta dell'elevatezza di un pensiero che affronta per la prima volta il caos dell'umanità. Di più al Saggio manca quasi sempre quella smania di esibizionismo che invece si riscontra così frequente nelle anime confuse. Lao Tsŭ formula per la prima volta la verità che per l'uomo grande «*incomprensione è gloria*». Il Saggio è una cosa che va scoperta. Confronta questo Cap. con certi accenti personali del Cap. 20. Contrariamente a Confucio che con i suoi discepoli si duole d'incomprensione - per quanto anch'esso affermi che è meglio conoscere che esser conosciuto - Lao Tsŭ fa gloria al Saggio di questa incomprensione da parte dei volgari.

71.
LA MALATTIA DEL SAPERE

5   sapere e non sapere ecco il sublime
6   non saper e sapere ecco il malanno
7   se hai male del male
8   perciò non avrai male
9   il santo non ha male
10   e perchè egli ha male del male
11   perciò non ha mai male

71.   **chih ping.**

Lett.: «(del) *sapere* (la) *malattia*». Tutti i mali nascono da questa inversione: chi non sa vuol sapere e nel giudicare sbaglia: invece il Saggio che, per lume naturale sa, rigetta a priori questa conoscenza come una forma del fare, per la ragione che egli, dietro la sua regola, riconoscendo il male, lo schiva; anzi lo stesso riconoscimento gli è una liberazione. La differenza tra il profano ed il Saggio consiste in ciò: che il profano resta abbicato al difetto – qui il non sapere creduto sapere – senza accorgersi del male che fa, mentre il Saggio, deplorando un male comune se ne affranca col solo atto del suo appenarsene. Solo chi è in grado di sentir male del male, supera il male. Si è visto che Lao Tsŭ fa consistere il vero sapere nella scienza globale del tao e non nel casellario della scienza di dettaglio. Questa ultima che manca di unità e non ha bisogno d'intuizione ed essendo un atto quindi negazione del *wu-wei*, è fonte di dolore: ora chi ha dolore di questo dolore, se ne libera rifugiandosi in quella zona dove solo l'intuizione lo può guidare con sicurezza alla comprensione integrale del tao. Con il profondo concetto del «*male del male*» che è come un supremo mezzo di difesa contro il vero male, Lao Tsŭ allarga ancora la copia delle sue invenzioni nel campo dell'etica; egli coltiva con ciò una delle più riposte plaghe dell'anima nostra, uno degli aspetti più interessanti della psiche umana che veramente s'impone a noi con la sua forza non ancora del tutto esplorata: il presentimento.

72.
L'AMORE PER SE STESSI

1	se la gente non teme il da temersi
2	la cosa più temibile gli arriva
3	nessuno trovi angusta la sua casa
4	nessuno trovi angusta la sua vita
5	mai non ci si disgusta
6	se mai non ci si vuole disgustare
7	per questo l'uomo saggio
8	sè conosce ma di sè mai non fa mostra
9	vuol bene a sè ma non di sè fa stima
10	e perciò scarta quello e prende questo.

72.   ai chi.

Lett.: «*amare se stessi*». Altra forma del Non-fare la cautela guardinga invece della confidenzialità sconsiderata, che passa sopra, con facilità, a ciò che dovrebbe incutere una certa paura. Qui non si tratta solo del potere governativo davanti ai cittadini ma di tutte le minacce più o meno occulte di cui formicola la nostra esistenza. Stare un passo indietro è bene ed avere paura invece di toccarne, è meglio!: l'avventuriero che sorvola su tutte le paure si trova o prima o poi a faccia a faccia con la grande paura (*ta wei*). Tutti coloro che dietro i richiami di un avvenire chimerico trovano misera la loro casa sdegnano la condizione in cui la sorte li ha fatti nascere e si buttano in braccio alla avventura fallace, sono i veri candidati all'incontro fatale. Il Saggio invece trova che tutto è bene: si può essere, per chi non badi all'apparenza, grandissimi anche in umile casa e in più umile condizione. La nostra ricchezza è dentro di noi e chi la cerca al difuori è uno smarrito. Se la ricchezza è di quelle vere avrà sempre lo stesso prezzo tanto se abita in un posto oppure in un altro; tanto se si mette in vetrina che se si tiene in cantina. Questo Cap. ha due momenti: 1° si scaglia contro l'inconsideratezza dell'ambizione, 2° contro la ambizione stessa nel suo più cieco, ingiusto, disumano esibizionismo.

73.
L'AZIONE CONFORME

1   chi è bravo in ardire viene ucciso
2   chi è bravo in non ardire resta in vita
3   dei due l'uno ha vantaggio e l'altro danno
4   *di quel che il cielo aborre*
5   *chi ne sa la ragione*
6   per questo l'uomo saggio
7   lo ritiene difficile
8   la via del cielo è questa
9   *non combatte e sa vincere*
10   *non parla e sa rispondere*
11   *non accenna e da sè tutto gli viene*
12   *calmo è ma sa formare i suoi disegni*
13   *la rete del cielo è ben grande*
14   *ha larghe maglie e nulla mai le sfugge*

73. jên wei.

Lett.: «*conforme agire*». Il Cap. traccia un confronto fra ciò che può essere azione umana e ciò che è azione celeste: la prima è difettosa, la seconda infallibile. Il Saggio deve astenersi dall'agire ch'egli ritiene arduo, anche per la ragione ch'egli vede la potenza celeste agire dietro fini e con modi a volte per lui imperscrutabili. L'abilità del Saggio non consiste, in contrasto a quella dei profani, in altro che nel sapere penetrare col suo acume quella scorza di staticità apparente del tao, dietro cui si nasconde il vero aspetto dell'Infinito.

74.
DOMINARE LE PROPRIE ILLUSIONI

1	se della morte un popolo non teme
2	in che modo atterrirlo con la morte
3	far che di morte egli abbia sempre orrore
4	e se qualcuno adopra eccessi strani
5	io lo possa afferrare e dargli morte
6	chi mai ne sarà oso
7	c'è il magistrato addetto per la morte
8	chi si fa autor di morte in vece sua
9	è come chi pel fabbro alza l'accetta
10	or chi invece del fabbro alza l'accetta
11	raro è che non ferisca le sue mani

74.   chih huo.

Lett.: «*dominare* (le) *illusioni*». Lao Tsŭ si rivolge qui all'angusta crudeltà dei legisti di professione i quali credono che si possa tirar tutto dall'uomo con la minaccia della pena di morte: essi non pensano invece che con le coercizioni sfrenate si può rendere all'uomo più terribile la vita della morte che a volte vi cerca spontaneamente un rifugio. Il Gov. non creda che lo spavento d'esser giustiziato renda cedevole l'uomo il quale quando è proprio alle strette si ribella senza pensare al gastigo, ma si cerchi invece di ammansirlo col buon trattamento. La violenza è un procedere barbaro che può avere effetti sporadici ma che finisce quasi sempre col soccombere sotto la mole della indignazione universale. L'uomo è un animale ragionevole perciò solo con la ragione si governa. Il monito di Lao Tsŭ, suggeritogli in parte dal tempo in cui viveva, si estende al Gov. di ogni tempo che senta l'uzzolo, per eccesso di potere, di convertirsi in tiranno, scavalcando ogni legge. Il Regn. deve, invece, far sì che il popolo abbia prospera vita, solo allora si potrà impaurirlo con la minaccia di fargliela perdere. Il Cap. è una requisitoria sobria ma energica contro la pena di morte, come incapace a tenere in freno gli uomini.

75.
IL DANNO DELLA CUPIDIGIA

1	il popolo soffre la fame
2	perchè chi regna mangia troppe tasse
3	per ciò soffre la fame
4	il popolo è difficile a guidarsi
5	perchè colui che regna ama strafare
6	e per questo è difficile a guidarsi
7	il popolo non dà peso alla morte
8	perchè ama l'eccesso della vita
9	e per questo non dà peso alla morte
10	ora chi per la vita non fa nulla
11	è più saggio di chi stima la vita

75.   t'an sun.

Lett.: «(della) *cupidigia* (la) *perdita*». Qui la fame del popolo è considerata come il prodotto diretto dello strafare del Principe: il popolo non dovrebbe patire mai la fame perchè produce sempre: se non c'è carestia perchè soffre la fame? perchè il Regn. non uniformandosi al tao non pratica il Non-fare. Questa è la ragione per cui un popolo ha sempre diffalta anche in tempo di floride raccolte: la cloaca senza fondo ove il Princ. non saggio profonde il sudore del popolo, col torchio della tassa e del balzello, sono soprattutto la guerra da lui voluta per libidine di conquista, e la sua dissolutezza. Già altra volta Lao Tsŭ ha ammonito contro l'eccesso della vita che conduce alla morte (guerre, avventure, ardimenti): tanto più gode la vita chi meno la desidera: e più facilmente incontra la morte colui che più passionatamente ama la vita. L'eccesso della vita si punisce da se stesso appunto perchè la vita, emanazione del tao, ha in sè le sue leggi tanto fisiche che morali alle quali è prescritto un suo ritmo d'equilibrio dall'alto: eccesso è dunque rottura di questo equilibrato ritmo e quindi sventura certa.

76.
AVVERTIMENTO CONTRO LA DUREZZA

1	l'uomo appena egli è nato è molle e frale
2	ma in morte egli si fa rigido e forte
3	erbe ed arbusti nascon molli e teneri
4	ma in morte essi si fanno aridi e secchi
5	per questo il duro e il forte
6	son seguaci della morte
7	la mollezza e la fralezza
8	son seguaci della vita
9	perciò quando un esercito è potente
10	non riporta vittoria
11	quando un albero è forte è condannato
12	il forte ed il gagliardo stanno sotto
13	ed il debole e il molle stanno sopra

76. **chieh ch'iang.**

Lett.: «*guardarsi* (dalla) *forza*». È celebrato il trionfo del debole sul forte: anche questa asserzione non è in Lao Tsŭ basata sopra il sentimento cristiano degli ultimi che saranno i primi ma sopra un'attenta osservazione della vita reale. Il simbolo più espressivo che Lao Tsŭ abbia saputo trovare per questa sua verità, è l'acqua; qui aggiunge altri paragoni, come il neonato e l'arbusto; capovolge i valori di vita e di morte: la vita è per Lao Tsŭ in tutto ciò che è cedevole e la morte in tutto ciò che è resistente. Estendendo il paradosso alla condotta dell'uomo nella vita sociale, il M. acutamente osserva che esser forte, sano, integro attira l'attenzione e la condanna, mentre che il debole e l'inutile vien messo con pace da banda. Una verità accettabile per noi è solo nel trapasso dal campo del paradosso puro a quello della praticità sociale. L'ambizione è dunque un'autoimmolazione davanti all'ara della società che ammira spesso piuttosto una brutta morte che una bella vita: guai a chi si fa schiavo dell'opinione di questa: guai al martire consapevole dell'inconsapevole opinione pubblica! L'ambire ad esser forti nel mondo è ambire o prima o poi al guadagno della propria rovina. Ad ogni modo non si deve prendere alla lettera il monito di Lao Tsŭ per es. che nel governo si debba esser deboli, ma che piuttosto il

Regn. debba far prevalere in sè l'agil senso della ragione piuttosto che l'impeto rude della passione.

77.
LA NORMA CELESTE

1   la maniera del cielo
2   com'è simile all'arciere
3   quel che è alto egli l'abbassa
4   quel che è basso egli l'innalza
5   quello che v'è di troppo ei lo riduce
6   e quel che c'è di meno ei lo completa
7   la maniera del cielo
8   è di ridurre quel che sovrabbonda
9   e d'allargare quello che scarseggia
10   la maniera dell'uomo però non è così
11   toglie a quello che scarseggia
12   per farne offerta a chi ne sovrabbonda
13   chi potrà del di più far dono al mondo
14   soltanto quello che possiede il tao
15   per questo l'uomo saggio
16   opera e non presume
17   meriti acquista ma non vi permane
18   nè vuol che appaia la saggezza sua

77.   **t'ien tao.**

Lett.: «(del) *cielo* (la) *via*». Come il tao nutre di sè imparzialmente tutte le cose, nello stesso modo deve il Regn. esser presente a tutti i suoi sudditi con la sua provvida influenza: deve imitare il tao in questo adeguamento comunistico naturale; non togliere a chi non ha per dare a chi ha già; ma esercitare appunto come fa il tao nella sua trascendenza, un'azione conciliatrice. È da notarsi che per raggiungere questa giusta eguaglianza, sola protettrice del potere di uno Stato, Lao Tsŭ non si rivolge, come fa Cristo, al sentimento del cuore ma all'esercizio della ragione: qui la conoscenza è messa al disopra della pietà. Qui l'uomo illuminato che rinuncia al suo per farne offerta agli altri non è uno che si attenda un premio nell'inesplorato al di là, ma uno che prende a modello la norma celeste e agisce in maniera conforme e trova in questa concordanza il suo premio migliore.

78.
AFFIDARSI ALLA FEDE

1   nel mondo in docilezza e in debolezza
2   nessuna cosa non sorpassa l'acqua
3   eppure in attaccare il duro e il forte
4   nessuna cosa c'è che la sovranzi
5   niuna cosa la può sostituire
6   quello ch'è frale vince quel ch'è forte
7   quello ch'è molle vince quel ch'è duro
8   nel mondo niuno c'è che non lo sappia
9   ma niuno mai non se ne fa seguace
10   per questo il santo dice
11   *chi prende su di sè l'onte di un regno*
12   *è il signore che sacrifica agli spiriti terrestri*
13   *chi prende su di sè le sventure d'un regno*
14   *ei diviene il sovrano dell'impero*
15   vere parole sembrano non vere

78.   jên hsin.

   Lett.: «*affidarsi* (alla) *fede*». Esaltazione della passività: secondare le cose per dominarle. Lode della flessibilità politica, scarsa di pregiudizi: elogio della elasticità dorsale del Governante. Lao Tsŭ è il precursore del «*gutta cavat lapidem*» ci porge questo esempio; vuole che si segua. C'è incluso il monito di non lasciarsi obnubilare mai dalle apparenze ma di restare in tutti i modi fedele alla verità, anche contro corrente.

79.
L'OSSERVANZA DEL PATTO

1 pur quando hai già composto un gran litigio
2 resta sempre materia a litigare
3 che fare perchè tutto torni bene
4 per questo l'uomo saggio
5 osserva il patto e non preme su gli altri
6 il virtuoso bada ai propri impegni
7 mentre il perverso bada all'esigenza
8 la via del ciel non guarda alle persone
9 ma si dispensa sempre al più valente

79.   jên ch'i.

Lett.: «*osservare* (i) *patti*». L'essenziale è che l'uomo non abbia mai occasione di leticare: il litigio lascia sempre qualcosa dietro di sè. La persona onesta e saggia, appunto per questa sua virtù, non è mai aggressiva e quindi per parte sua non dà luogo a litigi, cercati invece dall'attaccabrighe nato che ha speranza con questo suo sistema di confusione, di usurpare in qualche modo il campo altrui. Qui si allude ai possibili urti fra principe e principe: si accenna anche alla maniera affabile onde chi è attaccato deve difendersi davanti al suo contraddittore. Si deve sconfiggere l'arrogante con l'arrendevolezza. Cfr. Cap. 78. Il buon Regn. deve sapere inoltre che i perversi si vincono e si governano anche con quella stessa indifferenza, onde la norma celeste governa tutte le cose che sono sue creature. Il virtuoso avendo in sè il tao vince sempre su quello che di questo tao non ha avuto mai notizia.

80.
INDIPENDENZA

1	in piccol regno con non molta gente
2	far sì che se vi sia qualche capace
3	non trovi impiego alcuno
4	far sì che la gente prendendo sul serio la morte
5	non s'allontani per andare in giro
6	e sebbene vi sien carri e navigli
7	che nessuno vi possa mai salire
8	e sebbene vi sien corazze e spade
9	che nessuno giammai le metta in vista
10	che il popolo ritorni novamente
11	ad annodar le corde e se ne serva
12	troverà buoni i suoi cibi splendide le sue vesti
13	tranquilla la sua stanza gaudioso il suo costume
14	e se due stati son tra lor vicini
15	da udire l'un dell'altro i cani e i polli
16	che la gente venendo vecchia a morte
17	non abbia avuto mai tra sè rapporti

80.   tu li.

Lett.: «*solo stare*». Nel pres. Cap. ci è offerto un grazioso quadretto di ciò che sarebbe la società Taoista se mettesse rigorosamente in pratica le regole del M. Tutto il bene si basa sopra la felice innocenza della gente: questa deve tornare come ai tempi dell'età dell'oro; semplice, apatica e contenta; far guerra solo quando sia il caso di difendersi e non nutrire ambizioni di conquista. Il popolo che ha da mangiare è sempre quello migliore: le piccole occupazioni casalinghe non intaccano il suo Non-fare anzi gli servono di svago e di esercizio; indisturbato dai pacifici vicini che non si prendono nemmeno l'incomodo d'impararsi a conoscere l'un l'altro. Ideale troppo idealistico che riaffiora nell'età moderna con il Rousseau e seguaci, impossibile pur troppo ad attuarsi, avendo ormai la vita assunto forme di complessità ove questa respira come nel suo novo elemento. In questo Cap. il paradossismo di Lao Tsŭ raggiunge una delle sue più stridenti espressioni.

81.
L'IGNUDA NATURA

1   le veraci parole non son belle
2   e le belle parole non son vere
3   il buono non è eloquente
4   l'eloquente non è buono
5   il saggio non è dotto
6   ed il dotto non è saggio
7   il santo non accumula tesoro
8   più s'adopra per gli altri
9   e più per sè possiede
10   più che agli altri egli dona
11   e più ch'egli ha per sè
12   la regola celeste
13   benefica e non noce
14   la regola del santo
15   opera e non combatte

81.   **hsien chih.**

Lett.: «*fare apparire l'essenziale*». È una specie di epilogo dell'intero libro. Lao Tsŭ afferma di avere esposto senza ambagi e in ischiette parole il suo concetto. Il lavoro immenso è stato dentro di lui: ora, invece, ad esprimersi adopra piani motti, schivando i due grandi scogli di uno scrittore: la tronfia pomposità dell'eloquio da una parte e dall'altra la povertà scheletrica del volgare. La conclusione poi che corona l'opera sua è in tutto degna del suo pensiero: in un ultimo sprazzo di luce è predicato il disinteresse come il mezzo più certo alla santità. Nei due cap. ver. finali la suprema perfezione del santo taoista è pienamente equiparata alla sovrana onnipotenza del tao: immedesimamento sublime che pare preludere all'avvento dell'uomo-dio sulla terra.

- Fine -

C'È UN AUDIO-BOOK IN OMAGGIO PER TE!

Grazie per aver scelto di sostenere la piccola editoria indipendente con l'acquisto del libro che tieni fra le mani: questo gesto per noi significa molto, e vogliamo sdebitarci del tuo supporto facendoti un regalo che siamo sicuri troverai di immenso valore. **Scannerizza il codice a QR code qui dietro** → → → → → → → → → → → → → → → e completa la procedura per ottenere il tuo **audiobook integrale** di *Stupido Marketing: principi di monetizzazione strategica*… gratis, al posto di €24,90!

AUDIO LIBRO GRATIS!

Scannerizza il codice QR qui sopra per accedere al tuo audio-book gratuito!

Printed in Great Britain
by Amazon

33505960R00086